1. 广东省自然科学基金面上项目"基于异质性企业空间定位选择行为视角下的地区生产率差距研究"（项目编号：2020A1515010772）
2. 茂名市科技计划项目"知识产权保护、技术创新与地方经济转型问题研究"（项目编号：2019018027）

中国区域间
劳动力流动、产业集聚与地区差距

Interregional Labor Mobility, Industrial Cluster and
Regional Disparity in China

朱炎亮　著

中国财经出版传媒集团
经济科学出版社
Economic Science Press

图书在版编目（CIP）数据

中国区域间劳动力流动、产业集聚与地区差距/朱
炎亮著．－－北京：经济科学出版社，2022.11
ISBN 978 - 7 - 5218 - 4405 - 4

Ⅰ．①中⋯ Ⅱ．①朱⋯ Ⅲ．①劳动力流动 - 研究 - 中
国②产业集群 - 研究 - 中国③收入差距 - 研究 - 中国
Ⅳ．①F249.21②F269.23③F124.7

中国版本图书馆 CIP 数据核字（2022）第 241614 号

责任编辑：刘　莎
责任校对：李　建
责任印制：邱　天

中国区域间劳动力流动、产业集聚与地区差距

朱炎亮　著

经济科学出版社出版、发行　新华书店经销
社址：北京市海淀区阜成路甲 28 号　邮编：100142
总编部电话：010 - 88191217　发行部电话：010 - 88191522
网址：www.esp.com.cn
电子邮箱：esp@ esp.com.cn
天猫网店：经济科学出版社旗舰店
网址：http://jjkxcbs.tmall.com
固安华明印业有限公司印装
710 × 1000　16 开　14.75 印张　200000 字
2022 年 11 月第 1 版　2022 年 11 月第 1 次印刷
ISBN 978 - 7 - 5218 - 4405 - 4　定价：66.00 元
（图书出现印装问题，本社负责调换。电话：010 - 88191545）
（版权所有　侵权必究　打击盗版　举报热线：010 - 88191661
QQ：2242791300　营销中心电话：010 - 88191537
电子邮箱：dbts@ esp.com.cn）

前　　言

经济活动空间布局往往伴随着经济增长而发生深刻的变化,且主要体现在劳动力空间流动、经济活动区域分布不平衡以及区域收入差距的变化等经济现象。自改革开放以来,中国创造了长期经济高速增长奇迹,但整体的高速增长并未实现区域间的协调发展,东、西部地区差距和南北经济差距等发展不平衡问题依然突出。与此同时,中国经济的空间分布不仅形成了以沿海为中心、西部为外围的"中心—外围"格局,而且产业也发生了广泛的空间上的集聚。产业的集聚必然伴随着劳动力的跨区域的流动,中国非农产业向沿海地区集聚的过程也是中西部地区农村劳动力向东部沿海地区转移的过程。这一现象促使我们思考劳动力流动、产业集聚与地区收入差距之间的内生性关系,寻找中国地区收入差距变化的成因以及分析区域间劳动力流动、产业集聚对地区差距的作用机理,从而为我国实现空间效率和区域协调发展二者携手并进服务。

本书将沿着"劳动力跨区域流动—产业集聚—地区差异"主线展开,在新经济地理学的框架下探讨跨区域劳动力流动、产业集聚与地区收入差距之间的内生性关系,梳理这三个变量之间的作用机理,并运用理论分析结果,对产业在空间上的集聚所引起的劳动力跨区域流动与地区收入差距持续扩大的现象进行解释。

首先,从地区与制造业行业的角度描述了中国制造业产业集聚状况。改革开放以来，中国制造业分布发生了根本变化，大部分工业行业已集聚于东部沿海地区，使得中国已经演化成一个这样的产业布局：东部沿海地区成为制造业的中心、中西部地区成为外围区域，一种新的地区"二元"经济结构在中国业已形成。

其次，就劳动力流动与产业集聚的内在机理进行理论模型与实证分析。劳动力流动与产业集聚存在一种正反馈的内在关系，从实证依据看，劳动力向沿海地区流动将仍是目前跨省劳动力流动的主要形式，并将持续一段时间。从这个意义上，在现阶段，劳动力流动、产业集聚的趋势还不可逆转。

再次，对地区差距进行产业结构分解。地区差距的演变不仅与第二、第三产业产值份额的提高存在密切关系，而且与第二、第三产业的集中度密切相关，非农产业的空间不平衡分布和第二产业产值份额的居高不下是地区差距扩大的主要因素。

最后，分析劳动力跨区域流动对经济效率及地区差距的影响。"中心—外围"理论模型的分析表明，劳动力区域间自由流动有助于经济效率的提高和地区差距的收敛。同时，实证分析结果也表明，劳动力跨区域流动是缩小区域差距的有效途径。

本书认为，地区差距必然伴随市场化改革、对外开放和共同富裕政策而不断缩小，统筹区域协调发展、推进经济的集聚是中国实现空间效率与区域经济协调发展的有效途径。

广东石油化工学院

朱炎亮

目　　录

第1章　导言 ……………………………………………… 1

　1.1　研究动因 …………………………………………… 1

　1.2　研究目标、方法和手段 …………………………… 11

　1.3　研究内容及结构安排 ……………………………… 15

　1.4　可能的创新与不足 ………………………………… 16

第2章　理论基础和文献综述 ………………………… 19

　2.1　引言 ………………………………………………… 19

　2.2　经济集聚机制：新经济学地理学的视角 ………… 21

　2.3　产业集聚与地区差距 ……………………………… 46

　2.4　劳动力流动、产业集聚与地区差距 ……………… 52

　2.5　简短评论 …………………………………………… 56

第3章　区域间劳动力流动与产业集聚：机理和模型 …… 59

　3.1　引言 ………………………………………………… 59

　3.2　模型 ………………………………………………… 64

　3.3　劳动力区间流动对经济集聚效应的定性分析 ……… 73

　3.4　数值模拟 …………………………………………… 75

3.5　小结 ·· 81

第 4 章　中国制造业空间分布变迁：数据描述 ·········· 84

　　4.1　引言 ·· 84

　　4.2　中国制造业空间分布的描述 ············· 86

　　4.3　小结 ·· 110

**第 5 章　中国区域间劳动力流动与产业集聚的
　　　　　实证分析** ·· 112

　　5.1　引言 ·· 112

　　5.2　中国区域间劳动力流动的状况 ············ 114

　　5.3　区际劳动力的区域流向 ·················· 119

　　5.4　回归验证 ·· 127

　　5.5　小结 ·· 130

第 6 章　中国地区差距与产业集聚的实证分析 ·········· 132

　　6.1　引言 ·· 132

　　6.2　计量方法及指标数据说明 ··············· 133

　　6.3　中国地区差距演变趋势及产业构成 ········· 137

　　6.4　收入差距的地区分解 ·················· 145

　　6.5　按产业结构分解基尼系数的变化 ········· 151

　　6.6　小结 ·· 159

**第 7 章　中国劳动力流动、地区差距与区域
　　　　　协调发展** ·· 161

　　7.1　引言 ·· 161

7.2　理论基础 ·· 164

7.3　理论模型 ·· 167

7.4　城乡分割政策的内在机制及其影响分析 ············· 175

7.5　中国劳动力区域间流动对地区差距影响的

实证分析 ·· 187

7.6　小结 ·· 194

本章附录 ·· 196

第8章　主要结论及政策建议 ······················· 198

8.1　主要结论 ·· 198

8.2　政策建议 ·· 203

参考文献 ·· 210

第 1 章　导　　言

1.1　研究动因

地区差距问题不仅长期以来都是发展经济学和区域经济学研究的一个热门话题，而且它也是各发展中经济体国家政策制定者颇为关切的一个重大现实问题。始于 20 世纪 70 年代末的中国改革开放一直坚持遵循渐次推进的模式，其中在地区发展过程中，中国政府实施的是鼓励沿海地区率先发展、影响和带动全国经济发展的区域发展战略。此种基于"新古典增长理论经济学"收敛假说（Barro and Sala-i-Martin，1995）的发展战略至今未能完全实现。

改革开放以来，尽管全国各区域均实现了不同程度的发展，但我国城乡差距和地区发展不平衡问题依然严峻，中国空间二元性的发展格局依然存在。地区差距过大会导致一系列矛盾与问题，不利于经济发展和社会稳定大局。因此，中国地区收入差距问题不仅成为政府亟需解决的问题，更引起学术界的广泛研究。近年来，国内众多学者从不同的角度，对中国地区收入差距问题进行了大量的探讨，取得了较为丰硕的研究成果。然而，我们通过对地区差距的相关研究文献的简单梳理发现，国内多数经济学者对关于地区差距长期动态演变的趋势及成因的研究通常都基于传统的新古典增长理论的分析框架。依据新古典经济增长理论，劳动力跨区域流动将会提高落后地区人均收入水平，进而有利于缩小地区收入差距（Braun，1993；Barro and Sala-i-Martin，1992；Shioji，2001）。直观地讲，新古典经济理论认为：由于劳动边际生产率递减和劳动力供需的变化，劳动力由低收入向高收入地区的流动，可以提高落后地区劳动力的边际产出，缩小地区间工资水平的差异，因而有助于经济的收敛。但实证研究的结果并没有普遍支持上述结论。巴罗和萨拉-伊-马丁（Barro and Sala-i-Martin，1995）利用美国 1920～1990 年的数据、德国、意大利和西班牙 1950～1990 年的数据以及英国 1960～1980 年的数据进行了收敛性分析，发现在有些国家人口迁移促进了地区经济收敛，而在有些国家劳动力流动反而扩大了地区差距。在中国，自 20 世纪 90 年代以来，中西部地区的大量劳动力跨区域流向东部沿海地区，但东部沿海与中西部地区的收入差距未有明显的缩小趋势。盐路（Shioji，2001）将这个理论和经验研究的矛盾称为"迁移谜题"（migration puzzle）。同时，传统的新古典增长理论存在将技术进步黑箱化处理等问题，并且一些假设过于简单，因此，从新古典经济理论出发，无法能够合理解释要素流动（主要是劳动力流动）、经济活动的空间集聚和收入不平衡的地理分布这一典型事实。为此，本书尝试从一个新的视角来审视劳动力流动、产业集聚和地区收入差距的内在机制。

具体而言，我们主要是基于外部效应、规模收益递增、不完全竞争和存在城市拥挤成本为假设前提的新经济地理学分析框架去研究劳动力流动、经济活动的集聚与中国地区差距之间的关系，其中研究动因主要出于以下几个方面。

（1）改革开放以来，中国经济尽管保持了连续 40 多年的高速增长，但各地区依然存在很大的差异。

收入在空间上的非均衡性分布与人和人之间存在着极大的收入差距一样，也是现实世界的一个真实写照（Quah，2002），尤其是在发展中国家，这种空间非均衡性表现得尤为突出。20 世纪五六十年代，在经济发展黄金时期来临的同时，广大发展中国家的地区差距问题也日益凸显。有关经济发展与收入分配的关系，其中最流行的观点是著名的库兹涅茨假说（Kuznets，1955）。库兹涅茨假说认为，地区收入不平等与经济发展之间存在着倒"U"形的关系，具体地讲，当人均收入增长时，不均等在最初时会加重；在中等收入水平时，不均等达到顶峰，最为严重；继而，当收入水平具有了工业化国家的特点时，不均等开始下降。威廉姆森（Williamson，1965）也持同样的观点："在经济发展的初期阶段区域间的收入差距会逐渐扩大，随后逐步进入相对稳定阶段，最后随着经济的发展，区域间的收入差距将逐渐缩小。"大量针对地区收入差距和个人收入分配数据的经验研究对库兹涅茨假说进行了检验，其中有部分检验结果对该假说予以了支持（Williamson，1965），也有部分检验结果对此予以了否定，其中基于中国数据进行的关于改革开放以来地区收入差距的测算，呈扩大后缩小的倒"U"形发展趋势，基本符合库兹涅茨假说。

针对 1949 年以来中国地区间差距的长期动态演变趋势，国内外学术界进行了广泛的研究和讨论。总体而言，中国地区差距的变化趋势呈现"四落三起"的态势，其中前三次起落均与当时的历史背景和经济政策有很大的关系，从 1949 年初到"大跃进"结束这段时期是第一次起落对应的时期；三年"自然灾害"后的经济恢复期至"文化大革命"结束这段时期为第二次起落对应时期；第三次是从农村改革至 20 世纪末，这段时期地区不平度程度出现了大幅上升，各种数据计算的指标均显示不平等程度在 20 世纪末已达到 1949 年以来的历史最高水平，而且接近或超过国际公认的警戒线水平（范剑勇，2008）。

即使使用相同的数据，通过基尼系数和 GE 指数计算得出的地区差距在绝对值上是不同的，但它们反映的趋势基本一致（Tsui et al.，1991；Démurger et al.，2002）。图 1.1 反映了 1952～2000 年中国真实人均消费的基尼系数和 GE 指数，由此阶段中国 28 个省的城市和农村的真实人均消费数据计算获得。由图 1.1 可见，改革开放前不平等指数总体相对较低，基尼系数在 0.22～0.31。1978 年以后随着改革开放的推进，不平等指数又有所下降，并于 1984 年再次到达一个最低点，当年基尼系数为 0.256。但 1985 年以后地区差距一直上升，到2000 年达到 1949 年以来的历史最高点，其中基尼系数为 0.372，相比于 1956 年的历史最低点 0.22，提高了约 70%。

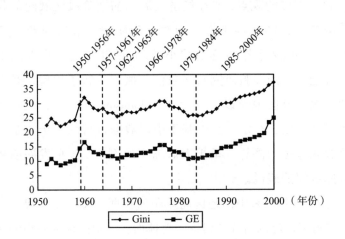

图 1.1　1952～2000 年中国真实人均消费的基尼系数和 GE 指数

资料来源：Kanbur and Zhang（2005）.

　　国内外学术界对改革开放以来的中国地区差距问题进行了广泛的研究和探讨。大多学者认为，改革开放后至 21 世纪初，中国地区差距总体呈现先下降后持续扩大（从 20 世纪 80 年代中后期开始）的"U"形变化过程（Jian et al.，1996；魏后凯，1997；林毅夫等，

1998；Aziz and Duenwald，2001；Cai et al.，2002；范剑勇，2008）。

21 世纪以来，中国市场一体化程度不断加深。在这一市场融合的进程中，西部大开发、中部崛起等区域发展战略的实施及作用的逐渐显现，地区差距扩大的趋势得到有效缓和，我们将此划分为第四个起落阶段。在此阶段，中国地区经济差距经历了一个先扩大后缩小的过程，但全要素生产率仍呈持续扩大的趋势（傅晓霞、吴利学，2009；梁琦等，2012）。

综上所述，中国地区差距的变化并未完全遵循新古典经济增长模型理论预测的变化轨迹，反而呈现出一种比较复杂的变化路径。新古典增长模型揭示了经济增长将向共同的稳态水平收敛①，其具有非常好的收敛属性。新古典经济增长理论认为，由于任何生产要素的边际报酬递减规律的存在，在缺少技术进步的条件下，资本边际报酬递减规律意味着资本存量接近稳态水平时，经济增长也将随之放缓，从而使各经济体将趋于收敛。尤其是在一国之内，其不同地区的厂商和家庭，所拥有的技术、偏好和文化大致相似，且共有一个中央政府，制度框架和法律体系也相似，这种具有相似偏好、技术和制度的同结构意味着，一国之内的各地区应该比国家间更能表现出绝对收敛（Barro and Sala-i-Martin，1995）。然而，中国的实际经历基本上拒绝了改革开放以来各个地区经济增长的绝对收敛的假说。改革开放 40 多年来，我国各地区的经济差距曾在较长时间内呈扩大趋势，近几年虽出现了逆转迹象，但全要素生产率呈现持续

---

① 在经典文献中，关于收敛有四个主要概念，分别称之为 σ 收敛（σ convergence）、β 收敛（β convergence）、"俱乐部收敛"（club convergence）以及 γ 收敛。根据萨拉 - 伊 - 马丁（Sala - I - Martin，1995）的定义，σ 收敛是指随着时间的变化，不同国家或地区的人均国内生产总值的标准差逐渐缩小，人均国内生产总值表现出趋同。β 收敛是指落后的国家或地区的经济增长速度要快于发达的国家和地区。贾勒（Galor，1996）认为"俱乐部收敛"指的是初期经济发展水平接近的经济集团各自内部的不同的系统之间，在具有相似的主要结构（如制度、区位以及自然条件等）前提下趋于收敛的现象。

扩大的趋势，新古典经济增长理论难以对此现象做出较好的理论解释。

面对上述研究中存在的缺陷，我们将摒弃新古典增长理论的分析框架，尝试寻找一种新的分析框架来思考中国的地区差距问题。通过对现实世界的简单观察，中国经济不仅在地区差距上表现出很强的空间特征，而且在产业分布上存在明显的空间集聚趋势。20 世纪 90 年代以后，随着市场经济制度的全面建立，东部沿海地区获得了明显的累积性优势，大量产业不断向这些区域集聚，从而逐渐成为中国的经济增长的核心，而中西部地区则增长乏力，制造业停滞不前甚至绝对萎缩。那么，我们不禁要思考，经济活动集中和经济发展水平之间存在怎样的关系，是否存在一个普遍的规律？产业的空间集聚在地区收入差距和经济增长中究竟发挥着什么样的作用？要素流动（主要是劳动力跨区域流动）对地区收入差距和经济增长有何影响？

在摒弃了新古典增长理论的分析框架后，我们转而求助于新经济地理学分析框架。新经济地理学强调厂商水平的规模报酬递增的特性，将垄断竞争、运输成本等因素联系起来，考虑运输成本与要素流动交互作用产生的资金外部性，研究经济活动的空间分布规律和地区差距的形成机制（范剑勇，2004a）。新经济地理学放松了微观主体同质性的假设，强调微观主体之间的异质性在经济活动空间格局中的作用，拓展了解析经济集聚的微观机理视角，使得理论研究更加符合现实经济的运行情况，也对区域经济学、产业经济学等相关经济学研究有重要启示，并为解释地区差距和产业空间分布提供了新的视角。

（2）改革开放以来，中国经济在获得快速增长的同时，中国的产业分布和经济空间也发生了广泛的集聚，业已形成了以东部沿海地区为中心、中西部地区为外围区域的"中心—外围"产业空间分布格局。

改革开放以来，中国制造业分布发生了极大的变化。随着国内市场一体化程度的不断加深，改革初期原来较分散的产业配置模式已变得更加集中，产业空间配置模式相比改革初期已发生天翻地覆的变化；同时，随着对外一体化水平不断提高，更是加剧了这种产业分布的不平等。一方面，国外直接投资源源不断涌入、国际制造业向中国转移得以持续进行、进出口贸易快速增长；另一方面，东部沿海地区高人口密度、优越的地理位置和历史条件是其集聚的起始条件，规模报酬递增和正反馈效应导致了集聚的自我强化，使得绝大部分制造业行业转移进入东部沿海地区，即主要以长江三角洲、珠江三角洲和环渤海湾地区为代表的地区。而东北地区、西北地区则增长乏力，制造业停滞不前甚至绝对萎缩，这种此消彼长的状况使得大陆地区制造业呈现出非常高的地区集聚，并最终形成了以东部沿海地区为中心，内陆地区为外围的"中心—外围"产业分布格局。例如，范剑勇（2004b）利用中国两位数水平的制造业数据，实证分析了中国 1980 年、2001 年地区专业化和产业集中度的变化情况。研究发现，改革开放以来，中国地区间的市场一体化水平和专业化水平已有较大幅度的提高，产业布局已发生巨大的变化，其中绝大部分行业已经或正在转移进入东部沿海地区。并结合国际经验研究的讨论认为，中国目前仍处于"产业高集聚，地区低专业化"的状况，国内市场一体化整体上还处于较低的水平，且滞后于对外一体化水平。

理论分析和经验研究均表明，改革开放以来，中国国内市场的一体化水平的提高和对外开放程度的加深，以及二者的相互作用，使得中国形成了较为明显的制造业分布的中心（沿海地区）—外围（中西部地区）模式。

21 世纪以来，中国市场一体化程度不断加深，各地区产品市场的分割程度都呈现出显著且稳定的下降趋势，市场日趋整合（梁琦等，2012；孙元元、张建清，2017），产品市场融合程度的提高使得生产要素在区域之间的流动性大大增强，地区之间的贸易成本持续显著地下降，企业和劳动力在空间上的选择也更为自由，地区市场潜能与生产成本的差异将是企业区位选择考虑的最核心因素。随着我国东部沿海地区资源约束增强、要素成本上升、本地市场饱和、环境压力增大，东部沿海地区部分企业开始寻求新的生存空间，一些失去比较优势的劳动密集型与资源密集型产业向外转移，产业布局的调整、企业的区位选择使生产要素出现跨区域流动，一方面，东部沿海地区失去比较优势的劳动密集型产业向中西部地区转移，使得东部沿海发达地区腾出空间发展和培育资本密集型与技术密集型产业，以便顺利实现产业结构升级；另一方面，中西部地区通过承接产业转移带动经济发展与实现产业升级，因此，人们对通过产业梯度转移实现东中西部地区平衡发展充满期待。然而，现实的结果与理论的预期相差甚远。虽然近些年来国家在大力实施区域协调发展战略，诸如西部大开发、中部崛起等区域发展政策力度的加大及其作用逐渐显现，东部沿海地区与中西部地区的发展差距扩大的趋势有所缓和，国家经济政策的倾斜使得中西部地区交通基础设施、公共建设水平和企业投资环境得到了较大的改善，地区间产业梯度转移在各级政府优惠政策引导下迅速发酵，但是中西部地区在承接产业过程中却没有出现明显的产业升级（史恩义等，2018；袁航等，2018），最为关键的是，东部沿海发达地区与中西部地区之间全要素生产率差距仍呈现持续扩大的趋势，这完全与我们预期结果背道而驰。现实结果提醒我们，简单套用产业梯度转移理论设计区域协调发展战略路径可能陷入梯度陷阱，形成承接地产业升级阻滞（刘友金、吕政，2012）。进一步说，如果落后地区过分强调产业梯度转移的效果，其结果可能导致低端生产要素不断向欠发达地区聚集，而高端优质生产要素则进一步向东部沿海发达地区聚集，高成本低效率的产业从东部地区转移至中西部地区并在新的区域聚集（孙晓华等，2018），东部向西部地区的污染转移也愈加明显（林伯强、邹楚沅，2014），这不仅不能实现区域均衡发展，反倒可能陷入"低水平均衡陷阱"。

因此，在新经济地理学研究框架下探讨导致企业发生迁移与区域经济波动的微观基础，将区域经济协调发展和微观企业空间选择、经济集聚和扩散结合起来研究区域协调发展战略，是一个值得研究的重要理论与实践课题。

（3）中国自改革开放以来，劳动力从农村和落后地区向城市与发达地区的流动过程，大致可分为三个阶段：缓慢发展阶段（1979～1993 年）、迅猛扩张阶段（1993～1996 年）与稳定发展阶段（1997 年至今）。自从 20 世纪 90 年代中期以来，劳动力流动规模日益扩大，并且主要以跨区域迁移为主要形式，大规模的劳动力从中西部地区向东部沿海地区流动。

2015 年全国 1% 人口抽样调查主要数据公报显示，中国 31 个省区市（不包含港、澳、台地区）的人口中，流动人口数为 24 597 万人。根据 2020 年第七次人口普查数据表明，2020 年全国人口中流动人口则为 37 582 万人，其中跨省流动人口为 12 484 万人，省内流动人口为 25 098 万人，与 2010 年第六次人口普查数据相比，流动人口增加了 15 439 万人，增长率高达 69.73%，延续了 20 世纪 90 年代以来流动人口高速增长的态势。从城镇化率角度看，依据历次普查数据可知，2000 年、2010 年、2020 年城乡流动人口占比分别为 52.2%、63.2%、66.3%，城乡人口流动依然是流动人口增长的最主要驱动力。分区域看，人口继续向东部集聚，在跨省迁移中，74.9% 流入东部沿海省份；分省级看，中国跨省人口变动将呈现粤、苏、闽、浙人口集聚和东北三省人口流出趋势，人口持续从经济欠发达地区流出，流入经济发达地区。透过这些分析，我们是否可以初步判断东部沿海地区制造产业的集聚吸引了其他地区的劳动力的持续流入？反过来，劳动力的跨区域流入是否又进一步加剧了此地区制造业在空间上的集聚？

劳动力迁移规模不断扩大，对中国的社会、经济发展产生了深刻的影响。尤其是农村劳动力的大规模跨区域流动，一方面为东部沿海地区的工业发展提供了大量的廉价劳动力，推动了当地经济的发展，另一方面也对流出地的经济和生活带来了很大的影响。在中部和西南地区，农村劳动力的跨省流动业已成为当地转移大量农村剩余劳动力的主要途径，外出劳动力不仅可以直接提高农户收入，而且有助于提高家庭其他劳动力的边际劳动生产率。那么，我们不禁要问，劳动力跨区域流动是否能显著地缩小中国各地区收入差距？劳动力流动与地区收入差距的作用机制是什么？

以上问题引起了众多中外学者的关注。一些学者（樊纲、王小鲁、张泓骏，2005；姚枝仲、周素芳，2003；JustinLi Y. et al.，2004；John whallen and Shunming Zhang，2007）认为，劳动力流动确实是地区收入收敛的一种机制，但由于地区间劳动力流动仍受到制度的限制，导致地区劳动力市场部分失灵，以至于这种机制未能有效地发挥出来。但另外一些学者（杨云彦，1999；钟笑寒，2006；赵伟和李芬，2006）从人力资本流失、劳动力市场分割的角度，认为劳动力流动导致地区收入差距扩大。显然，对于我国劳动力流动与地区收入差距的关系，各学者们的观点莫衷一是。虽然，这些研究均从某个方面合理地解释了中国劳动力流动与地区收入差距的关系，然而还有一个重要的视角没有得到研究者足够的重视，就是从中国东部沿海地区成为产业集聚区的过程来考察劳动力流动与地区收入差距的关系。

近年来，部分学者摒弃新古典理论的研究范式而另辟蹊径，试图在新经济地理学的研究框架下分析以上现象的内在联系，具体来说，主要是沿着"劳动力流动—产业集聚—地区差距"的思路分析劳动力流动与地区收入差距的内在关系。克鲁格曼（Krugman，1991a）最先提出，当产品运输成本下降至某一临界值时，经济活动中的企业将开始在有限的区域集聚，目的是获得规模报酬收益，此时劳动力的大量流入将导致集聚区域对企业生产的产品需求不断增加，即形成所谓的"本地市场效应"，而后者又反过来刺激外围区域的企业及劳动力迁入本区域，本地市场效应与劳动力流动形成的循环累积效应的共同作用将导致区域发展不平衡。另外，包德温等（Baldwin et al.，2003）研究揭示，当经济集聚达到长期稳定均衡状态时，中心区域由于存在"本地市场效应"和"价格指数效应"，将促使该中心区域的居民生活成本下降，实际收入水平上升，而外围区域由于需从中心区域输入大量消费品而支付高额的交通运输成本费用，因此外围居民的生活成本将趋于上升，居民实际收入水平趋于下降，"中心—外围"区域的实际收入水平将出现扩散。有关实证分析也持类似观点，其中，克罗泽特（Crozet，2004）使用欧盟多地区数据分析证实了劳动力流动与产业集聚具有较强的相关性，具体来说，在地区市场潜力指数与劳动力迁入率之间存在明确的正相关性，地区市场潜力指数每上升10%，劳动力迁入率即上升1%～13%。国内也有实证研究证实了劳动力流动及其集聚与地区收入差距之间的相关性（范剑勇，2008）。

1.2　研究目标、方法和手段

1.2.1　研究目标及相关说明

本书主要探讨产业集聚、劳动力流动与地区收入差距三者之间的内生性关系及内在的作用机理，并尝试在新经济地理学的框架下，对中国大规模劳动力跨区域流动、产业在空间上的集聚及地区收入差距持续扩大的现象进行较合理的解释。

新经济地理学的理论研究表明，宏观经济活动是否发生空间上的集聚是集聚力和分散力二者"博弈"力量作用的结果，其中，"集聚力"主要包括以下因素：消费者对商品的多样性偏好、地区之间运输成本以及厂商内部规模经济构成的金融外部性（pecuniary externalities）、厂商之间的外部规模经济效益、知识溢出效应、技术外部性等。而分散力量主要指厂商间相互竞争、城市内部的通勤成本、拥挤效应而导致的一种离心力。本书正是从这两种相互作用力量来考察经济集聚的微观机制及可能发展的趋势。

本书研究的基本思路与逻辑是，产业在空间上的集聚是要素流动、制造业规模报酬递增、本地市场效应与交易费用等交互作用共同作用的结果，由于政策、地理位置以及外需的增长，东部沿海地区相对于中西部地区取得了暂时的优势，并通过累积循环机制（ac-cumulation causation）得以快速发展起来，从而形成了地方性的规模报酬递增发展状态，进而发展为制造业的中心。与此同时，东北、中西部地区大规模的劳动力要素流出而逐步转移至东部沿海地区，使这些地区逐渐沦为制造业不发达的外围区域，这一产业空间分布上的二元状态推动了地区差距的持续扩大。

本书从产业空间分布和劳动力要素流动的视角研究中国地区差距的形成机制。在对已有研究成果梳理的基础上，在新经济地理学框架下构建劳动力区间流动与经济集聚一般均衡空间模型，探讨劳动力区间流动与经济集聚之间的内在机制，即研究我国产业空间集聚的影响机制以及这种经济集聚对于要素流动（主要是劳动力跨区域流动）和地区差距的影响，从而为我国劳动力大规模跨区域流动和地区差距鸿沟的事实提供较合理的解释，并在此基础上提出政策建议。因此，产业集聚和劳动力跨区域流动是全书研究的出发点，地区差距则为落脚点。

为一致起见，本书中统一采用"产业集聚"一词来表示产业与经济活动的空间集聚。需要指出的是，本书所说的产业，主要限定在制造业范畴，这与目前国际上关于产业集聚的绝大多数文献的研究范畴保持一致。另外，本书中多次使用了"经济集聚"一词。有些学者认为经济集聚与集聚经济不同，而本书并未对两者做出严格区分。本书认为，二者皆指同一事物，只是侧重点不同而已。在词意的表达上，经济集聚更多的是指一种行为和动作，指的是产业和经济活动向某地区的集中，而集聚经济则是指这种集聚行为所产生的一种结果和状态。

地区差距是一个非常宽泛的概念。各地区不可能完全相同，各地区的资源禀赋、人力资本、教育水平、产业结构、市场发育程度、经济发展水平都会存在差异，以上因素的差异都可以被称为地区差距。本书在此不考虑由自然力决定的资源禀赋、地理气候等差异，将"地区差距"仅界定为"各地区居民收入水平差距"。

1.2.2 研究方法与手段

本书总体拟采用理论建模和实证研究相结合、数据分析与实证研究相结合，以综合应用相关理论和进行实证分析为主的原则开展研究。一是理论建模和实证研究相结合。本书将基于新经济地理学分析框架，通过构建劳动力流动对产业集聚的影响机制模型表达思想，将劳动力流动对产业集聚的正、负外部效应结合起来，分析劳动力流动对产业集聚及地区差距的影响机制。本书将运用以计量经济学为基础的实证分析方法，力图使理论分析与计量分析、规范分析与实证分析相互结合和互为补充。并且在分析过程中，我们将尽量达到理论阐述与现实分析相结合，即不仅从理论角度分析劳动力流动对产业集聚及地区差距的影响机制，而且还将对其实证分析检验。二是逻辑与历史相统一的方法。逻辑与历史相统一的方法是符合马克思主义哲学理论体系的科学理论方法，坚持此方法对于研究我国产业空间集聚、劳动力跨区域流动与收入差距内在关系具有重大意义。总结我国产业空间集聚、劳动力跨区域流动和地区收入差距的演变规律，既要对它们的历史轨迹进行分析，但也不能拘泥于这种历史过程的简单描述，而必须坚持这种逻辑与历史相统一的方法，才能做到既不脱离历史事实演变轨迹，避免陷落历史虚无主义，又可以发现它们背后的本质特征和演变规律。三是理论实证分析与政策分析相结合。本书在提出政策建议时，一方面基于理论分析，另一方面基于实证分析结果。本书将尽量达到理论阐述与现实分析相结合，不仅从理论角度分析经济集聚、劳动力流动对地区生产率差异的发生机制，而且基于实证结果对中国地方政府产业政策的讨论，使理论分析、实证分析与政策分析相结合，尝试寻求缩小地区生产率差异和地区差距、促进地区协调发展的合意政策。

本书具体的研究手段有两种：一是在新经济地理学框架下构建数理模型，不仅引入新经济增长理论中的"干中学"效应和马歇尔外部规模效应，而且考虑了城市内部的拥挤成本，以此构建了劳动力跨区域流动与产业集聚的空间均衡模型，分析各变量之间的作用机理。二是运用计量经济模型进行实证检验。通过建立经济计量模型，实证分析我国产业空间集聚的结构特征、变化趋势及对区域差距的影响，对劳动力流动—产业集聚—地区差距之间的关联效应进行检验，实证检验主要借助于 Stata 经济计量分析软件得以实现。

1.3　研究内容及结构安排

按照研究主题及其所涉及的内容之间的逻辑联系，本书主体内容由八个彼此密切关联的部分构成，具体章节安排如下。

第 1 章，导言。主要对本书的研究动因、研究目标、方法和手段、章节安排进行简要的介绍，同时交代了本书的创新与不足以及相关问题的界定。

第 2 章，理论基础和文献综述。在这一部分，我们先对新经济地理学有关经济集聚的理论进行综述，然后对劳动力流动、产业集聚和地区差距的相关研究成果进行追踪，最后对一般理论在中国具体国情下的运用研究成果进行梳理。

第 3 章，区域间劳动力流动与产业集聚：机理和模型。本章主要目的是运用新经济地理学的空间理论构建劳动力跨区域流动与产业集聚的理论模型，梳理两者之间的内在作用机理。在标准的新经济地理学模型中引入外部规模经济效应和城市内部空间结构，劳动力流动对产业集聚的作用，依赖于作为分散力量的内部通勤成本和作为集聚力量的外部规模经济效应之间的力量对比，在不同的情形下，经济集聚的程度会有所不同。

第 4 章，中国制造业空间分布变迁：数据描述。本章分别从地区和制造业行业的角度描述产业集聚的状况和变化，发现改革开放以来，中国制造业分布发生了根本变化，大部分工业行业已转移到了东部沿海地区，使得中国已经演化成一个这样的产业布局：东部沿海地区成为制造业的中心、中西部地区成为低效率的农业外围区域，一种新的"地区二元经济结构"在中国业已形成。

第 5 章，我们从劳动力跨区域流动与产业集聚两者互为因果关系的角度实证描述了中西部地区的农村劳动力的跨省流动的状况，并且运用计量的分析方法验证了劳动力跨区域流动可以显著推动流入地的工业化进程，从而提高流入地的经济发展水平。

第6章，中国地区差距与产业集聚的实证分析。对地区差距进行产业结构分解，分别通过对产业构成、地区构成进行剖析，阐述了地区差距的演变与第二产业的产值份额及非农产业的空间集中度存在密切联系。

第7章，中国劳动力流动、地区差距与区域协调发展。首先，本章在新经济地理学的框架下，通过引入新经济增长理论中"干中学"效应、外部规模经济效应、农村劳动力不完全流动性以及城市内部的空间结构，建立了一个两区域中劳动力流动下的空间均衡模型，分析农村劳动力跨区域流动对经济效率和地区差距的长期影响。其次，进行福利分析，在农村劳动力在市场分割的前提下，探讨农村劳动力不完全流动性对整个经济效率的损失，分析不同状态下的总福利水平的变化和最大福利的空间均衡状态。最后，运用中国的现实数据对理论模型的主要推论进行验证。

第8章，主要结论及政策建议。概括研究的主要结论与指出进一步研究的方向，并给出相应的政策建议。

1.4　可能的创新与不足

1.4.1　可能的创新点

本书可能的创新之处如下。

（1）通过对劳动力流动对集聚所产生的正负效应分析，将外部规模效应和城市拥挤成本同时纳入新经济地理学模型框架之中，构建了一个关于劳动力流动与产业集聚内在机理的空间均衡模型。该模型的结论表明，在城市拥挤效应不是非常大的前提下，劳动力的区间流动与产业集聚存在一种正反馈的内在关系。

（2）在新经济地理学的框架下探讨劳动力跨区域流动、产业集聚与地区差距之间的内在联系机制，即研究影响我国产业空间集聚的微观机制以及这种集聚对于要素流动（主要是劳动力区间流动）和地区差距的影响，从而为我国劳动力大规模跨区域流动和地区差距的持续扩大的事实提供了一种比较新的视角解释。

1.4.2　本书的不足之处

限于目前相关数据的可获得性和笔者的理论素养、知识积累、研究能力所限，本书还存在一些有待进一步完善和深入研究的问题，主要有以下几个方面。

（1）构建更加适合中国国情的新经济地理学理论模型。在假设前提下，已有的新经济地理学的假定都过于严格，有一些假定并不适合还处于发展中国家之列的中国的国情，如对于劳动力和资本流动的假定过于简单和极端等。在本书中我们假定劳动力是同质的或者是无差异的，并未考虑劳动者之间技术熟练程度与人力资本的区别。此外，本书假设经济体只有两个区域，而不是多区域。放松这些假设可能得到不同的结论，这将是我们未来的主要研究方向。

（2）数据的进一步挖掘和方法上的改进。囿于国内统计资料的限制，本书的研究仅依赖于现有的可获得数据对劳动力流动与产业集聚的内在机制及其与地区差距之间的关系进行了实证分析，但是对于研究中所选取的指标的度量还存在不尽如人意的地方，所以为了增强检验结果的有效性，还需要进一步寻找那些能更准确表征相关变量的数据。实证研究在方法上还有改进的空间。新经济地理学是一门新兴学科,理论研究虽然已经取得了较大突破,而实证研究起步时间较晚,研究方法还有待于完善,由于新经济地理学的理论模型依赖于较多的假定和参数,而现实世界难以完全满足这些条件,给实证检验带来较大的困难,随着实证研究方法的不断改进,在实证分析上未来还存在较大的研究空间。

第2章 理论基础和文献综述

2.1 引　言

收入空间不平衡分布和区域经济发展差距的普遍存在是现实世界的一个典型特征。对此，国内外经济学界都试图对地区差距的形成原因提出各种各样的解释，其中多数是基于新古典增长理论框架的基础上的。新古典经济增长理论建立在完全竞争和规模报酬不变等假定基础上，由于存在生产要素的边际报酬的递减规律，如果不考虑技术进步的因素，经济体的经济增长最终走向稳态的零增长。其学说认为，具有相似偏好和技术的经济体最终会具有相同的稳态，它们之间的人均产出的不同也只是其资本—劳动比率不同的一种暂时结果。由于存在资本边际报酬递减这一新古典生产函数的核心假设，因此，一旦假定储蓄率不变，较低的资本—劳动比就意味着产生较高的资本收益和经济增长率，进而在理论上可以预期，欠发达经济体具有后发优势，往往会有比发达经济体更高的经济增长率的表现。

这种不需要经济的任何附加条件，穷国或地区比富国或地区拥有更高的增长率的假说，被称为 β 绝对收敛（Barro and Sala-i-Martin，

1995）。它的经济学含义是，初始收入水平较低的地区经济增长速度高于初始收入水平高的地区，各地区的收入差距也随着时间的推移而减少，即在时间截面上表现为各地区收入水平的标准离差（以 σ 系数表示，即 σ 收敛）减少，各地区收入迅速走向趋同。从理论上说，一国之内不同地区的厂商和家庭，所拥有的技术、偏好和文化大致是相似的，且各个地区面对同一中央政府，制度框架和法律体系也相似。这种相对的同质性意味着，一国之内的各个地区应该比国家间更能表现出绝对收敛（Barro and Sala-i-Martin，1995）。然而，中国的实际经历则基本上拒绝了改革以来各个地区经济增长的绝对收敛假说。

新古典经济增长理论并不能令人信服地解释国家（或地区）间差距的长期存在甚至扩大等"发散"的现象。此外，新古典增长理论也无法有效解释经济现实中存在的大规模经济集聚现象，因为规模报酬不变且完全竞争的假定必然推导出不考虑自然资源异质性分布的情况下，现实世界将是"无城市的空洞经济"或者处于"后院资本主义"（back yard capitalism）生产状态（Krugman，1991a；Fujita et al.，1999），各地区的经济增长不仅会趋向于收敛，并且地理因素也不会对经济增长带来任何影响。但是，真实世界里的交易成本的存在，地理因素必然会对各地区的经济增长带来实质性的影响（Brackman et al.，2004）。

同时，根据新古典经济理论，区域间劳动力流动将会提高落后地区人均收入水平而降低发达地区的人均收入水平，从而有利于缩小地区收入差距（Braun，1993；Barro and Sala-i-Martin，1995；Shioji，2001），但实证研究的结果并没有普遍支持上述结论。这个理论和经验研究的矛盾的"迁移谜题"（Migration Puzzle）在新古典经济理论的范式下无法得到合理的解释。

因此，从新古典经济理论出发，无法合理解释要素流动（主要是劳动力流动）、经济活动的空间集聚和收入不平衡的地理分布这一典型事实。本章将摒弃传统的新古典分析范式，试图从另一个视角，即从新经济地理学的框架下来审视劳动力流动、产业集聚和地区收入差距的内在机制。

2.2　经济集聚机制：新经济学地理学的视角

经济集聚是一个非常重要的复杂现象。世界上几乎一半的人口和西方国家 3/4 的人口生活在城市，世界总体上存在着南北经济二分法的中心外围结构。从小范围看，在一个城市中餐馆、大商场、电影院都集中相邻街区，或者诸如中国存在东部沿海地区制造业集中，而中西部地区制造业稀少等现象。地理学家一直用描述和归纳的方法对集聚进行研究。尽管它在经济学研究中同样非常重要，但是主流经济学界对于这一经济现实普遍存在的集聚现象的研究"在上一代基本上处于休眠状态"（Krugman，1991b），长期以来经济学的传统是"没有空间维度的仙境"（Isard W.，1956）。

直到 20 世纪 90 年代初"新经济地理学"的出现，才使得产业集聚的研究再次回到主流经济的视野。克鲁格曼（Krugerman，1991a）开创性地将报酬递增与垄断竞争分析应用于经济地理学研究，成功将空间概念纳入一般均衡，不仅使空间因素重新回归主流，也使经济活动空间区位对经济发展的重要作用受到人们异乎寻常的重视，其中新经济地理学在区域经济学中最大的功绩在于为区域差距或差异提供了一个规范的主流经济分析范式（张可云，2013）①。

2.2.1　新经济地理学的理论基础

下面我们将从外部经济、集聚的向心力与离心力正反馈效应、复杂科学所强调的自组织、路径依赖和"锁定"等概念以及迪克西特—斯蒂格利茨（Dixtit - Stiglitz）垄断竞争模型（简称 D - S 模型）的基本含义及其应用等方面来阐述"新经济地理学"关于经济集聚的理论基础。

1. 外部经济

早在将近一个世纪以前，新古典经济学家阿尔弗雷德·马歇尔（Marshall，1920）对于经济集聚的机制进行了经典的系统的经济分析。他将规模经济分为两类：第一类是产业发展的规模，这和专业的地区性集中有很大关系，称为外部规模经济；第二类取决于从事工业生产的单个企业和资源，称为内部规模经济。根据他的观点，在集聚的形成过程中，外部性是关键的因素，它会产生锁定效应（lock-in effect）或滚雪球效应。

---

① 但是，新经济地理学模型所反映的集聚机制仅仅是资金外部性，忽视了其他类型的外部性。实际上，自马歇尔以来，知识外溢等外部规模经济效应一直为集聚经济的相关研究所重视，显然，模型为了建模的需要而对此的忽视与经济现实并不吻合。事实上，克鲁格曼也认识到了这一点，他指出："我们想特别指出的是，像旧的贸易理论一样，新经济地理学一定程度上深受一种诱惑之害，即集中关注最容易建模的东西，而不是在实践中可能最有用的东西。很早以前马歇尔（Marshall，1890）就提出了产业本地化的三个主要因素，用现代术语来讲就是前向和后向联系、对专门技能的大量需求，以及技术溢出；新经济地理学实际上只考虑了这些因素中的一个，而且是实践中相对不重要，但更容易规范化的那个"（克鲁格曼，2005）。另外，由于新经济地理学模型仅关注地区之间的运输成本，而把各地区（城市）抽象化，忽视各地区（城市）内部的实际空间结构，这一做法也受到广泛的批评。

当一个产业已经为自身选择了一个区位，它就趋向于在该区域驻留相当一段时间，人们会发现与近邻之间遵循相同的贸易所得到的好处是如此之大。贸易的神秘不复存在，它就好像存在于空气当中一样，即便是儿童也可以在无意识的状态下学会一些贸易之道。如果一个人有了新的想法，这一想法会被其他人采纳并加入他们的建议，从而使其成为更进一步的新想法或新思路的源泉。

马歇尔认为，与集聚形成相关的外部性包括以下三个方面。

其一，劳动力市场池（labor pooling）效应。即劳动力的集聚产生的专业化技能的稠密市场优势。这个共享市场不仅有利于厂商雇用工人也有利于工人就业，将某一产业中的一定数量的厂商集中在一个地方，产业集聚能为拥有高度专业化技术的工人创造一个可共享的完善劳动市场，例如：

在最早期的经济发展阶段，一个地方化的产业提供了一个稳定的技术市场，因此获得了很大的优势。雇主们常常把希望寄托在他们有很大的机会找到具有他们所需要的特殊技能的工人的地方；而寻找就业机会的人很自然地去有许多需要他们的技术的雇主的地方，因而市场是相当不错的地方。一个孤立的工厂主，即使他可以很容易雇佣到大量的一般劳动力，也经常苦于得不到具有特殊技能的劳动；一个有专门技能的工人，一旦失业，则不容易找到另外的就业机会。

其二，中间投入品共享（input sharing）。厂商的大量集中不仅可以形成一个足够大的本地市场使各种各样的专业化供应商得以生存，而且使得企业生产的中间产品和专业化投入服务具有可得性，因此一个产业中心的形成可以提供该产业专用的多种多样、低成本的中间投入品，例如：

附属行业就在附近的地方产生了，为产业中心提供了工具和材料，组织交通，在许多方面对经济地使用原料有利……在一个有许多同类生产活动集聚的地方，即使该行业使用的每一件资本品都不大，有时经济地使用昂贵的机械在相当大的程度上也会成为可能。因为每一个附属产业虽然只服务于生产过程中一个很小的分支，但它为附近的许多产业工作，因而能够经常使用高度专用的机械，使这些机械可以支付起它的费用……

其三，知识溢出效应（knowledge spillover effect）。地理上的集中有利于信息传递，从而有利于技术创新。例如：

行业的秘密不再成为秘密，而成为众所周知的事了，孩子们不知不觉地也学到许多秘密。优良的工作得到正确的赏识，对于机械以及制造方面和企业的一般组织上的发明和改良之成绩，得到迅速研究；如果一个人有了新的想法，这一想法会被其他人采纳并加入他们的建议，从而使其成为更进一步的新想法或新思路的源泉。

马歇尔对这一外部性经典表述，已被广泛应用于应用经济学和区域经济学的文献之中。他不仅捕捉了集聚现象是"滚雪球"效应的产物这一理念，并且敏锐地发现了经济行为人集聚现象背后的更高多样性与更深专业化程度的收益。如果以规模报酬递增与运输成本相结合的新经济地理学模型来说，这种累积过程就是资金外部性（范剑勇，2008）。从某种意义上说，这种观点对应了早期发展经济学所提倡的观点，如罗森斯坦（Rosenstein - Rodan，1943）的"大推进"理论、佩鲁（Francois Perroux，1955）的"增长极"理论、缪尔达尔（Myral G.，1957）的"循环和累积因果关系"理论、赫尔希曼（Hirschman A. O.，1958）的"前向与后向联系"理论。

事实上，外部性是理解产业集聚的关键因素。希斯托维斯基（Scitovsky，1951）将外部性分为两类："技术外部性"（technological externalities）或称"溢出效应"（spillovers）和"资金外部性"（pecuniary externalities）。技术外部性处理的是非市场交互作用的影响。这种交互作用一般通过直接影响个人的效用或某企业的生产函数来实现。

与之相反，资金外部性是市场交互作用的副产品，仅当它们参与到由价格机制主导的交换中来时，才能够对企业或者消费者、工人产生影响（Fujita and Thisse，2002）。当市场是不完全竞争时，资金外部性才会起作用。因为一个经济行为人的决定影响了价格，进而会影响到其他人的福利状况。

当我们用技术外部性来解释有限空间维度下的产业集聚时，我们发现这似乎是解释得通的。如城市或高度专业化生产园区主要是由技术外部性为主，因而求助于技术外部性是合理的。但是，当考察一个较大的地理范围时，技术外部性就难以充分解释区域间的集聚现象，如美国历史上东北部与五大湖中心的"制造业地带"以及欧洲的"蓝香蕉带"（blue banana）（范围包括从英国北约克郡和伦敦到意大利北部，穿过德国西部及比利时、荷兰、卢森堡三国经济联盟的部分区域）和中国东部沿海地区制造业中心。这是源自企业、消费者与工人之间存在着市场媒介联系、产生不完全竞争的资金外部性（范剑勇，2008）。当然，在一定意义上，大地理范围的产业集聚是由技术外部性和资金外部性共同作用的结果。本节对产业集聚的研究更偏重大地理范围的产业集聚，即各制造业在各个省级水平的集中。

在相当大的程度上，技术外部性是一个"黑箱"，由于它代表了复杂的非市场因素，诸如社会、历史、文化和制度因素、人力资本含量差异或信息外溢等等，因此其影响机制难以把握（Fujita and Thisse，2002）。与此相对应，资金外部性的来源是非常清楚的。其来源可以归结为微观经济学的基本参数值，如规模报酬强度、企业的市场垄断能力、商品壁垒的强度、要素流动性状况、市场规模的大小。这正如克鲁格曼（1991a）所指出的，在规模报酬递增与不完全竞争的条件下，资金的外部性来源明确，福利效应清晰，从而更能够用模型精确表达。然而，由于技术外溢所带来的外部性难以度量且很难模型化，因而是"难以捉摸的"。尽管如此，技术外溢和集聚的关系是显而易见的，它往往直接影响企业的区位决定。

2. 经济集聚的向心力与离心力

经济活动的空间集中何时得以维持？无论这种集中存在的原因如何，它创造出的优势得以维持的充分条件是什么？

在不存在空间集中的情况下，对称均衡何时会变得不稳定？在什么条件下，区位间的微小差别会随着时间的流动如"滚雪球"般变成巨大的差别，以至于完全相同的区位间的对称被自发地打破？

这两个问题的答案，都取决于向心力（centripetal forces）和离心力（centrifugal forces）之间的平衡。其中，向心力指的是促进经济活动空间集中的力量，离心力指的是与这种集中背道而驰的力量。从直接上看，经济活动在空间上的均衡总是这两种相反力量达到平衡的结果，即集聚的向心力与发散的离心力达到均衡。这样的结果也可以说消费者与生产者通过不断地选择与相互作用以至于已经没有比这一均衡区位更好的地理位置。

屠能（Thunen，1826）对集聚现象的向心力与离心力分别做了解释，而且这种解释与新经济地理学对集聚现象的解释如出一辙，只不过后者是数学模型的形式（范剑勇，2008）。屠能对向心力的分析如下：

（a）只有在大规模的工业化工厂安置节约劳动力的机器设备才是有利可图的，因为这样会节省手工劳动的费用，且有利于更有效地生产；（b）一个工业化的工厂的规模取决于市场上对其产品的需求……（c）由于所有这些原因，仅在某些工业化分支的重要领域才会有可能建立大规模的工厂，但是分工与工业化的规模紧密相关，这就解释了当完全不考虑机器生产是否经济时，大工厂的平均劳动产出要远高于小工厂的平均劳动产出……（d）既然是用机器生产机器，不同的工厂和车间生产的产品就是它们自己所需的，并且只有在工厂和车间挨得足够近，能够互相帮助从而协调生产的地方，比如在大的城镇，机器才能更有效地生产出来……经济理论至今没能充分注意到这一因素。然而，正是这一因素解释了为什么工厂的分布通常是社区性的，为什么即便在其他所有方面的条件都合适的情况下，那些在孤立地点建立起来的工厂的结局通常是不幸的。技术创新不断地提高机器的复杂程度。

在这里，屠能所说的向心力的第（a）（b）（d）因素，基本上是克鲁格曼（1991a）模型所说的产业集聚的向心力，分别是单个厂商水平上的规模报酬递增、经济总体中的代表先进部门的制造业份额与对制造业产品的需求大小、制成品的专业化生产等。而第（c）因素是指部门间的技术溢出效应，这正是技术外部性的含义。

屠能对离心力的分析如下：

（a）考虑到较高的运输费用，原料的价格会比较贵。（b）当把机器制成品分配给农村消费者时，就会产生将其托运到各乡镇的费用。（c）所有的必需品，尤其是木柴，在大城镇会更贵些，住宅和公寓也是如此，原因有两个：其一，原材料从远处运来从而变得更贵，因此，建筑成本要更高；其二，在小乡镇里花一点钱就买得到的地盘，在大城镇购买时就非常贵。由于食物、燃料和住房的成本在大城镇里更高些，大城镇的货币工资就必须比小城镇高，这又会导致生产成本增加。

因此，屠能实际上清楚地说明了高昂的地租和食品价格对工资产生的影响，而这正是产业集聚的离心力。

3. 路径依赖与"锁定"

圣塔菲的复杂科学学派的代表人物之一的布莱恩·阿瑟（Arthur,

1994），不仅充分认识到经济中报酬递增的普遍性及重要性，而且建立了与传统经济理论框架完全不同的模型来解释经济中的报酬递增现象。他认为，报酬递增在经济中是广泛存在的，尤其在当前"新经济"环境下报酬递增的特性更尤为显著。他还通过一个简单的正反馈例子形象描述了规模报酬递增、路径依赖（path dependency）和锁定（lock-in）的过程。录像带市场起初有两种竞争格式：VHS与Beta，二者的价格基本相同，并且每种格式的产品都有报酬递增的特性。如果其中某种格式的产品的市场份额稍大一些，那么制作录像带的厂家就会更多地选择该种产品来存储录像，自然买的人就会更多，也就使得该种格式的录像带的市场占有量不断增大，最终完全占有整个市场。我们注意到，起初这种市场是不稳定的。一旦某种格式的录像带产品因为一些偶然的因素而稍稍胜出，那么它就会由于报酬递增的作用而完全占有市场（Arthur，1994）。这就是典型的报酬递增、路径依赖和"锁定"（lock-in）的含义。但阿瑟处理报酬递增的方式与传统的经济理论方法截然不同，这对于经济学的思维方式犹如一场革命，其打破了经济学中"理性"经济人、市场唯一均衡及报酬递减等假设，而代之以有限理性、报酬递增、路径依赖、多重均衡等假设，从而为现代经济学开创了一个广阔的视角（谢燮、杨开忠，2004）。

尽管新经济地理学的模型与复杂科学的模型有很大的差异，但二者都有规模报酬递增、历史上偶然事件的作用与路径依赖的特征。经典的新经济地理学模型（Fujita et al.，1999）的推演结果显示，经济中可能出现多重均衡的结果，但究竟会稳定在哪个均衡点则取决于经济初始的状态和相应参数的设定。由于一个极小的扰动，而一旦使得循环累积过程发生，则完全相同的初始分布可能会产生完全不同的经济产业分布，甚至使得经济走上一条不归路从而不可避免地产生"核心—边缘"模式。先发地区可能发展更好，而落后地区则可能永无出头之日，先发地区和后发地区都被"锁定"了（谢燮、杨开忠，2004）。这正应了《圣经》马太福音中的一段话：

"因为凡有的，还要加给他，叫他有余。没有的，连他所有的，也要夺过来。"

新经济地理学与复杂科学对经济认识的不同之处在于：第一，模型的假设条件不同。新经济地理学仍沿用个体或厂商决策的完全理性，而复杂科学假设个体决策是有限理性的；第二，均衡。新经济地理学仍然停留在均衡的观点上，其所谓的动态演化实质是劳动力空间调整的比较静态过程，而复杂科学强调的是动态的观点；第三，新经济地理学模型虽有坚实的微观基础，但微观个体都是同一的、无差别的和完全理性的决策主体。而复杂科学的模型采用的是"自下而上"的思维和处理方式，即由微观个体的简单行为规则演化出复杂的、内容丰富的宏观景象（谢燮、杨开忠，2004）。

4. D - S 垄断竞争模型及其应用

长期以来，经济学的基本框架都是建立在以完全竞争为基点的一般均衡模型基础之上的。其中，阿罗—德布鲁一般均衡模型（Arrow - Debreu model）一直被认为是迄今为止的最精美的一般均衡模型，因而传统的空间经济研究学者们，都常常把阿罗—德布鲁一般均衡模型视为参照系，试图尽可能将空间因素加入阿罗—德布鲁一般均衡模型框架中。他们把空间因素加入阿罗—德布鲁模型框架时所采取的方法，一般就是将空间因素视为商品属性的一个重要的变量，也就是把不同区位上的同质产品视为两种不同的商品。比如霍特林（Hotelling，1929）的线型市场模型和萨洛普（Salop，1979）的环型市场模型。然而，斯达里特（Starrett，1978）证明，在有限个区位、厂商和消费者的经济体中，如果空间为均质的，存在运输成本，且所有的需求在其本地无法得到满足，那么就不存在有关区际贸易的竞争性均衡。这就意味着，如果空间是均质的，并且运输是有成本的，则基于完全竞争的一般均衡理论的任何结果都将使各种经济退化为孤立的自给自足的、相互分离的状态，城市之间或地区间的贸易也不存在。而此时没有城市、区际贸易以及区际分工，显而易见，这种情形是没有任何意义的。事实上，经济活动总是存在于少数区位之中，即规模经济是客观存在的。如果一旦存在规模经济，那么经济活动是不可被完全分割的。正如库普曼斯（Koopmans，1957）所言，"如果我们不能认识到存在于人类、居住区、工厂、设备和运输之中的不可分割性，则城市区位问题、甚至是小规模的乡村区位问题就不可能得到正确的理解"。因此仅仅依靠完全竞争的价格机制是无法能够同时解释贸易和城市的存在。要合理地解释城市区位与贸易问题，则必须建立在规模报酬递增的基础之上。而一旦认为经济活动存在规模收益递增，市场结构则属于不完全竞争，那么也就无法在阿罗—德布鲁一般均衡框架下进行讨论。由此我们可以看出，如果要解释经济集聚现象，则必须放弃完全竞争为基础的一般均衡理论，即考虑空间中总存在垄断性因素，以一个定义宽泛的垄断竞争模型来取代以完全竞争为基础的一般均衡模型。

综上所述，我们不得不考虑不完全竞争的市场结构。最初研究这种不完全竞争市场的是张伯伦（Chamberin E. H.，1933），他的垄断竞争理论打破了完全竞争为基础的一般均衡理论框架，建立的生产函数使得市场形态的变化允许企业具有规模报酬收益递增的特性。随后，迪克西特—斯蒂格利茨（Dixit and Stiglitz，1977）进一步深化了不完全竞争市场的研究，提出了著名的 D－S 垄断竞争模型。D－S 垄断竞争模型是将消费者的多样性偏好、产品种类数、规模经济、垄断竞争纳入了一般均衡框架之中。在他们的框架中，作为一种市场形态的垄断竞争，决定于企业对有限生产资源的需求和消费者的消费多样性偏好，这就使得经济具有规模收益递增的特征。在消费者的需求方面，为体现多样性消费偏好，消费者的效用函数不仅取决于消费者消费的某种产品的数量，还决定于消费者消费的产品种类的多少。在生产供给方面，假定每个企业只生产某一种产品并且具有规模收益递增的特点，因而它不会选择范围经济（economics of scope），这就意味着每个企业与其生产的产品之间存在一对一的关系，即每个企业只生产一种产品，这就使每个企业在其生产的产品上具有一定的垄断性。假定市场不存在进入和退出壁垒，这就存在着其他企业自由进入市场的可能，因此均衡时企业的利润为零；这些差异化产品相互之间还存在一定的替代性，尽管每个企业的行为并不直接影响其他企业，但通过产品之间的这种替代弹性（σ）间接地影响其他企业的生产，因此企业之间还具有一定的竞争性。

（1）C–D 和 CES 型双重效用函数和价格指数

在迪克西特—斯蒂格利茨（D–S）垄断竞争模型中，核心效用函数具有不变替代弹性（constant elasticity of substitution，CES）的性质，假设所有消费者的偏好都相同，同时消费工业品与农产品，其效用函数为柯布—道格拉斯（Cobb–Douglas）型函数，即：

$$U = C_M^{\mu} C_A^{1-\mu}, \ 0 < \mu < 1 \tag{2.1}$$

其中，C_M 表示消费者所消费工业品组合的消费数量指数，即：

$$C_M = \left(\int_0^n c(i)^{\rho} \mathrm{d}i \right)^{\frac{1}{\rho}} = \left(\int_0^n c(i)^{\frac{(\sigma-1)}{\sigma}} \right)^{\frac{\sigma}{(\sigma-1)}}, \ 0 < \rho < 1, \ \sigma > 1 \tag{2.2}$$

其中，C_A 表示农产品消费，视其为计价物；n 表示工业品的多样性程度，也可以视为工业品的消费数量；μ 表示在消费者总支出额中对工业品的支出份额，$1-\mu$ 表示对农产品的支出份额；$c(i)$ 表示消费者对 i 种工业品的消费量；参数 ρ 反映消费者的多样性偏好强度，假设 $\sigma \equiv \dfrac{1}{(1-\rho)}$，则 σ 表示任意两种工业品之间的替代弹性。

用 Y 表示消费者收入水平，p_A 表示农产品价格，$p(i)$ 表示第 i 种工业品的价格。则消费者效用最大化问题的约束条件为：

$$p_A C_A + \int_0^n p(i)c(i)\,\mathrm{d}i = Y \qquad (2.3)$$

消费者从消费某种工业品集合 C_M 时的支出最小化问题即求解下列数学规划：

$$\min \int_0^n p(i)c(i)\,\mathrm{d}i$$

$$\text{s. t. } \left(\int_0^n c(i)^\rho \mathrm{d}i\right)^{\frac{1}{\rho}} = C_M \qquad (2.4)$$

解得消费者对不同工业品 i、j 的消费量与其价格 $p(i)$、$p(j)$ 之间的关系：

$$\frac{c(i)^{\rho-1}}{c(j)^{\rho-1}} = \frac{p(i)}{p(j)} \qquad (2.5)$$

式（2.5）说明，任意两种工业品，其边际替代率就等于价格比。由此可以得出，消费者对差异化工业品 j 的间接需求函数为：

$$c(j) = \frac{p(j)^{\frac{1}{(\rho-1)}}}{\left(\int_0^n p(i)^{\frac{\rho}{(\rho-1)}}\mathrm{d}i\right)^{\frac{1}{\rho}}} C_M \qquad (2.6)$$

这样可以得到消费者消费 C_M 时的最低支出为：

$$\int_0^n p(j)c(j)\,\mathrm{d}j = \left(\int_0^n p(i)^{\frac{(\rho-1)}{\rho}}\mathrm{d}i\right)^{\frac{(\rho-1)}{\rho}} C_M = P_M C_M \qquad (2.7)$$

其中，P_M 为工业品价格指数，即：

$$P_M = \left(\int_0^n p(i)^{\frac{(\rho-1)}{\rho}}\mathrm{d}i\right)^{\frac{(\rho-1)}{\rho}} = \left(\int_0^n p(i)^{1-\sigma}\right)^{\frac{1}{(1-\sigma)}} \qquad (2.8)$$

（2）需求函数

消费者对农产品和工业品组合的需求函数通过求解下列数学规划问题得到：

$$\max U = \max_{C_M, C_A} C_M^\mu C_A^{1-\mu}$$

$$\text{s. t. } P_M C_M + p_A C_A = Y \tag{2.9}$$

我们得到农产品需求函数、某工业品组合的需求函数：

$$C_M = \frac{\mu}{P_M} Y, \quad C_A = \frac{1-\mu}{p_A} Y \tag{2.10}$$

由此，得到间接效用函数（indirect utility function）：

$$U_{\max} = C_M^\mu C_A^{1-\mu} = \left(\frac{\mu Y}{P_M}\right)^\mu \left[\frac{(1-\mu)Y}{p_A}\right]^{1-\mu}$$

$$= \mu^\mu (1-\mu)^{(1-\mu)} P_M^{-\mu} p_A^{-(1-\mu)} Y \tag{2.11}$$

其中，$P_M^{-\mu} p_A^{-(1-\mu)}$ 是该经济体的生活费用指数（cost-of-living index）。

（3）D–S 框架下的厂商定价策略与竞争

在 D–S 垄断竞争框架下，企业彼此之间具有某种对称性，每个企业只生产一种产品（这由规模收益递增决定），不同企业的产品都存在差异，但多样化的差异产品彼此之间又具有一定的替代性，且替代弹性 σ 相同。不仅所有企业都面对不变的价格弹性为 ε 的需求曲线，而且企业无论是进行产出量竞争（古诺竞争）还是价格竞争（伯特兰竞争），其需求价格弹性 ε 与产品间替代弹性 σ 是等同的。[①]

尽管每个企业都是在某一产品生产领域的垄断者，但由于存在

---

① 为说明需求的价格弹性与任意两种产品间的替代弹性之间的关系，我们可以考虑一个单一市场上有 n 个企业进行古诺竞争（产量竞争）或伯特兰竞争（价格竞争）的情形。此时可以证明，当企业的数量非常多，单个企业的市场份额可以忽略不计时，任意两种产品之间的替代弹性就等于需求的价格弹性。具体的证明过程请参考《空间经济学原理》（安虎森，2005）。

着无数的潜在的进入者，企业的数量足够大，企业间无法进行策略性共谋活动，因而不能制定垄断价格。此时，厂商利润最大化或最优的定价策略是根据边际成本的不变加成率的定价策略。即这种"边际成本加成定价法"使得代表性产品 j 的定价为：

$$p_j = \frac{wa_m}{\left(1 - \frac{1}{\sigma}\right)} = \frac{wa_m}{\rho} \tag{2.12}$$

其中，p_j 为产品价格，a_m 为生产单位产品所需的劳动量，w 为工资率。

综上所述，D-S 垄断竞争模型的特征表现在（Brakman and Garretsen，2003）：企业层次的报酬递增，存在内部规模经济；企业是对称的，且每个企业只生产一种差别化的产品；企业数量足够大，任何企业都不能制定垄断价格，企业定价策略只能是采取边际成本的不变加成定价；企业的自由进出导致长期均衡时企业的利润为零。

D-S 垄断竞争模型从其诞生以来获得了许多方面的运用，已经成为经济学处理不完全竞争市场的一个经典范式。克鲁格曼（Krugman，1979，1980，1981）和赫尔普曼（Helpman，1984）将 D-S 模型应用于国际贸易理论中，用以解释相似国家国际贸易的情形，这就是对国际贸易理论产生重大影响的"新贸易理论"。

5. 新贸易理论

传统的贸易理论认为，"比较优势"是解答产业在特定区域集聚的重要理论基础，市场一体化将促使每个区域专门生产有比较优势的产品，这种比较优势源于外生的生产技术水平差异或者各个国家和地区不同的资源禀赋。资源禀赋是解释国家之间贸易、分工和要素流动的基石，贸易主要发生在具有不同要素禀赋的国家之间。

　　然而纵观国际贸易格局，世界贸易的两个显著特征立刻展现在眼前：其中之一是大部分的世界贸易发生在发达国家之间，另外一个特征是，世界贸易中最显著的部分是那些发生在相似经济体间的同质商品的交换——尤其是发达国家间有关工业制造品的产业内贸易（intra-industry trade）。以比较优势为基础的传统贸易理论，似乎无法解释实际大量存在的产业内贸易，这一观点在过去得到了广泛的认同（Choi and Harrigan，2002）。相似经济体之间产生的巨大的产业内贸易被认为"作为在现代工业化国家贸易中一个不可否认的现实，根本无法用传统贸易理论来加以解释"（Lancaster，1980）。"贸易形式似乎为以相似物品交换为主的双边贸易提供了深层次的动力。这一产业内贸易看上去既毫无意义又很难从传统的贸易分析观点出发来加以解释"（Helpman and Krugman，1989）。另外，当生产要素具有高流动性时，传统的贸易理论也不能给出较好的解释。克鲁格曼等（Krugman，1979，1980；Helpman and Krugman，1985）等提出了"新贸易理论"（new trade theory），试图用"第二性的地理"（second nature geography）作为解释国际贸易新现象的主导因素。

　　"新贸易理论"认为，各国之间可以在不存在技术水平的差异，或者各国生产要素禀赋不一定是有差异甚至相同的条件下，国际贸易仍然可以存在（Dixit and Stiglitz，1977；Krugman，1979；Harrigan，1994）。所以，拥有相似生产技术和生产要素禀赋的国家间有着大量的贸易往来，并且那些有着相似生产要素密度的类似商品占了贸易的一大部分，这是用传统的贸易理论所无法解释的。只有用以递增收益和不完全竞争为基础的"新贸易理论"才可以解释这一难题。

　　大量的产业内贸易（intra-industry trade）经常被引用为支撑"新贸易理论"的一个关键因素（Antweiler and Trefler，2002）。有别于以规模报酬不变和完全竞争为前提的"传统贸易理论","新贸易理论"则以收益递增和不完全竞争为基础（Krugman，1981），"这也是强调收益递增和不完全竞争在世界经济中所扮演角色的一个重要的经验理由"（Helpman and Krugman，1989）。诚然，截至目前，"新贸易理论"已经发展得相当精致并且似乎也从实际中提炼了若干重要观点，"建立了一系列具有开创性的模型，将规模经济、不完全竞争、多样化偏好以及产品的异质性等理论范畴纳入了规范的贸易理论分析之中"（Lei and Liu，2005）。

新贸易理论的核心思想是：追求规模收益递增的厂商往往选择在少数地区进行集中生产，拥有较好的市场通达性（market accessibility）的地区将会对于企业的生产定位具有特别的吸引力，因此企业往往选择市场规模较大的地区进行投资。市场规模主要是由特定国家的劳动力市场规模所决定的，而劳动力又是不可流动的要素。为此，新贸易理论给出了"本地市场效应"（home market effects）的概念，即在一个存在报酬递增和贸易成本的世界中，那些拥有相对较大国内市场需求的国家将成为净出口国（Krugerman，1980）。该结论恰恰与传统贸易理论相左。

新经济地理学与新贸易理论区别之一是，新经济地理学中的本地市场规模是内生的而不是给定的，其动力是偶然的历史事件通过前向联系与后向联系为向心力的累积循环机制起作用。同时，由于离心力的存在使得极端的集聚状态并不会出现。因此，经济集聚力的向心力和离心力的相互作用最终决定了各个地区的集聚水平。

综上所述，新经济地理学将厂商层次的报酬递增纳入一般均衡的框架，解决了经济学长期以来厂商层次报酬递增与竞争性一般均衡不相容的问题。在新贸易理论和新经济增长理论对 D－S 模型成功应用的基础上，新经济地理学模型实现了经济学向地理空间的扩展。在复杂科学的启发下，新经济地理学模型所推演出来的结论包含了多重均衡、路径依赖和"锁定"等特征，这在一定程度上解释了现实中各种地理集聚产生与发展的内在机制。

2.2.2　新经济地理学的经济集聚机制

新经济地理学突破了传统贸易理论利用外生的要素禀赋差异解释产业空间分布的理论框架，认为产业布局完全是"第二性"① 的因素决定的，从而使得经济集聚机制内生化。经济空间是各种形式的报酬递增与运输成本之间权衡（trade-off）的结果。在新经济地理学的理论框架下，规模报酬递增、运输成本与要素流动之间相互作用所产生的向心力，使得一个初具市场准入（market access）优势的地区的产业集聚力通过累积循环机制逐步得到巩固与加强（Fujita et al.，1999）。

新经济地理学的累积因果循环机制可以总结为四种机制（Otta-viano and Puga，1997）：劳动力流动、通过中间产品的投入—产出联系、要素累积与跨时联动和历史预期。

克鲁格曼（Krugman，1991a，1991b）开创了基于迁移联系产生集聚的模型。其模型有两个地区和两个部门。两地区的市场规模、资源禀赋最初是完全相同，两个部门分别是规模报酬递增、产品存在差异的具有垄断竞争性质的工业部门与报酬不变、产品同质的具有完全竞争性质的农业部门。两部门使用的生产要素都是劳动力。同一地区的农民不能向工业部门流动，反之亦然；但工业部门的工人却可以实现跨地区的在同一部门内流动。

---

① 第二性的地理本身是一个内生的过程，经济主体的决策由地理因素所决定，而地理本身也由经济主体的活动推导出来。

在规模报酬递增和地区间存在运输成本的情况下，由于历史的偶然事件或外部冲击使得某一地区形成相对于另一地区暂时的优势。对于企业，更愿意向这个区域集聚，这是因为存在强大的"本地市场效应"。另外，对于工人，企业的增加也会使得对工人的需求增加，流动的劳动力也会吸引到这些企业中，这是因为他们有多样性的偏好，靠近企业最集中的区域，可降低其面对的价格指数和增加其真实工资。与此同时，劳动力的流入进一步刺激了本地市场的发展，从而吸引更多的企业进入该区域。模型反映的集聚机制是消费者对商品的多样性偏好、地区之间运输成本以及厂商内部规模经济同时构成的金融外部性（pecuniary externalities），其均衡要么是一个地区暂时的优势可以通过累积循环机制而得到逐步扩大，从而使规模报酬递增以地方化形式来表现，另一地区制造业由于生产要素的流出而逐步被转移出去，直至形成中心—外围（core-periphery）完全集聚，要么是平均分布，取决于两个部门的相对大小、运输成本和替代弹性，参数的一个小变化可能改变均衡。

克鲁格曼和维纳伯斯（Krugman and Venables，1996）建立的垂直关联产业模型研究了生产的垂直结构产业链，即一个或多个上游部门为下游部门生产原料或中间投入品，并且上下游的生产厂商都受到报酬递增和运输成本的影响。这意味着市场存在前向和后向联系，而这种联系倾向于把上下游的生产厂商集聚在一个区位。也就是说，在一个更为集聚的区域，最终产品部门的生产对中间产品有更大的需求，从而使上游产业可以在更大生产规模下从事生产。对中间产品部门而言，中间产品部门的规模报酬递增意味着中间产品的生产成本较低，相应地其利润空间越高，这促使中间产品厂商的迁入。与此同时，对最终产品部门而言，中间产品部门更大规模下生产意味着中间产品的价格较低，相应地其生产成本较低，这促使其他区域的最终产品部门的厂商迁入。在这些模型中，累积因果过程不是由自由流动的劳动力驱动的，而是通过中间产品部门（Krugerman and Venables，1995）以及上下游产业的联系（Venables，1996）来实现的。

此外，马丁和奥塔维亚诺（Martin and Ottaviano，2001）综合了克鲁格曼的核心—边缘模型和罗默的新增长理论，建立了经济增长和经济活动的空间集聚的自我强化模型，证明了区域经济活动的空间集聚由于降低了创新成本，从而刺激了经济增长。反过来，由于向心力使新企业选址倾向于该区域，经济增长进一步推动了空间集聚。通过内生增长和跨时联动，增长和集聚相互加强。

尽管上述模型的机制和经济推理本质上不同，但还是显示出新经济地理学研究的一些共性。比如，至少允许一种生产要素在区域间流动，使得空间集聚能够得以实现。而最重要的一点是报酬递增和运输成本之间的权衡（trade-off），两者都是必要的因素。如果没有规模效应，企业就可以将自身分成许多小企业散布于空间而不损失效率；如果运输成本为零，则整个区位的概念在经济决策中就无足轻重了（Englmann and Walz，1995）。

藤田等（Fujita et al.，1999）将新经济地理学模型的核心归纳为：D - S 模型、冰山交易成本（iceberg transport cost）、演化和计算机技术。我们基于藤田、克鲁格曼和维纳伯斯（Fujita，Krugman and Venables，1999）经典的中心—外围模型（FKV 模型）来对新经济地理学的经济集聚机制进行阐述。

中心—外围模型的基本假设是，存在垄断竞争的制造业部门 M 和完全竞争下的农业部门 A，各部门只有劳动力一种生产要素。经济系统中有东、西两个对称的地区，每个地区的资源禀赋即农业劳动力份额是外生变量且既定的，记为 ϕ_r。与农业劳动力份额假定不同，假设制造业的劳动力是随时间变化的，λ_r 表示给定的时点上地区 r 的制造业劳动力份额。适当地选择合适的单位可使得 $L^M = \mu$，

$L^A = 1 - \mu$。产品在两地区间可以进行贸易，工人可以在两地区自由流动。农产品跨地区贸易无交易成本而制造业产品跨区交易成本为"冰山"形式，即在外地每出售一单位产品，必须生产 $\tau(\tau > 1)$ 单位的产品，有 $\tau - 1$ 单位的产品作为交易成本在交易中"融化"掉了。中心—外围模型的框架图解如图2.1所示。

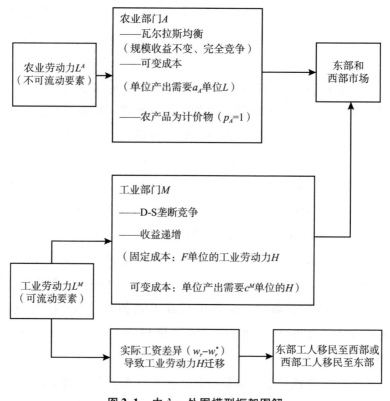

图2.1　中心—外围模型框架图解

资料来源：安虎森. 空间经济学原理 [M]. 北京：经济科学出版社，2005：78.

　　工人和农民既是生产者，同时也是消费者，并且具有相同的消费偏好，除了消费农产品，他们对工业品都有多样化需求，即在垄断竞争的市场结构的假定下，所有消费者对于两个商品束（农产品和工业制造品集合）都有相同的 Cobb – Douglas 偏好，而对于差异工业制造品有着 CES 类型的子效用函数。通过对代表性消费者最优化问题的求解，可以得到地区 s 的消费者对地区 r 各种制造品的最优消费数量为[①]：

$$\text{demand}_{rs} = \frac{p_{rs}^{-\sigma}}{G_s^{1-\sigma}} \mu Y_s \qquad (2.13)$$

其中，$p_{rs} = p_r \tau_{rs}$（p_r 是地区 r 各种制造品的出厂价格或离岸价格（f. o. b.））为制成品在消费地 s 的交货价或到岸价（c. i. f.）。$G_s = \left(\sum_r n_r p_{rs}^{1-\sigma}\right)^{\frac{1}{1-\sigma}}$ 是地区 s 的价格指数。n_r 是地区 r 的制造业企业数量，而 Y_s 表示 s 地区收入。上式给出了地区 s 的消费量，但是为了达到这样的消费水平，在地区 r 装运的产品数量必须是它的 τ_{rs} 倍。把这种产品在各地区的消费数量加总就可得到地区 r 的此种产品的总销售量为：

$$q_r = \mu \sum_{s=1}^{R} Y_s p_r^{-\sigma} G_s^{\sigma-1} \tau_{rs}^{1-\sigma} \qquad (2.14)$$

工业生产部门是标准的 D – S 垄断竞争部门，生产厂商彼此之间又具有某种对称性，每个厂商只生产一种产品（这由规模收益递增决定），不同厂商生产的产品都存在差异，而多样化的差异产品彼此之间又存在一定的替代性，且替代弹性相同。并且所有地区所有工业制成品的生产技术都相同，固定投入成本为 F，边际投入成本为 c^M。我们暂且假定在给定地区 r 生产数量为 q_r^M 的制成品需要的劳动投入为 l_r^M，即为：$l_r^M = F + c^M q_r^M$。厂商可自由选择进入和退出市场，因此市场均衡时所有厂商的利润为零。

---

① 详细推导过程参见藤田等（Fujita et al., 1999）。

根据以上假设，我们可得市场均衡时厂商的产量为：$q^* = \dfrac{F(\sigma-1)}{c^M}$。同时，地区的制造业厂商数量（工业制成品种类数）与其整个制造业劳动力人数成正比，即 $n_r = \dfrac{L_r^M}{F\sigma}$。

地区 r 的总收入 Y_r 等于该地区所有工人和农民收入的总和，在农民的工资标准化为 1 的情况下，这一收入等于：$Y_r = \mu\lambda_r w_r + (1-\mu)\phi_r$。最终，我们可得到地区 r 的名义工资 w_r 和实际工资 ω_r 的决定方程。

$$
\begin{aligned}
w_r &= \left(\frac{\sigma-1}{\sigma c^M}\right)\left[\frac{\mu}{q^*}\sum_s Y_s \tau_{rs}^{1-\sigma} G_s^{\sigma-1}\right]^{\frac{1}{\sigma}} \\
&= \left[\sum_s Y_s \tau_{rs}^{1-\sigma} G_s^{\sigma-1}\right]^{\frac{1}{\sigma}} \quad\quad (2.15)
\end{aligned}
$$

$$
\omega_r = \frac{w_r}{G_s^{\mu}} \quad\quad (2.16)
$$

1. 价格指数效应与本地市场效应

均衡的价格指数方程和工资方程包含着一个地区市场规模的大小、制造业部门的大小和名义工资率以及真实工资之间的关系。在对称两部门的情形下，我们可以获得一组对称解。

$$
(1-\sigma)\frac{\mathrm{d}G}{G} = \frac{L}{\mu}\left(\frac{G}{w}\right)^{\sigma-1}(1+\tau^{1-\sigma})\left[\frac{\mathrm{d}L}{L}+(1-\sigma)\frac{\mathrm{d}w}{w}\right] \quad\quad (2.17)
$$

$$
\sigma\frac{\mathrm{d}w}{w} = \frac{Y}{w}\left(\frac{G}{w}\right)^{\sigma-1}(1+\tau^{1-\sigma})\left[\frac{\mathrm{d}Y}{Y}+(\sigma-1)\frac{\mathrm{d}G}{G}\right] \quad\quad (2.18)
$$

其中，式（2.17）反映的是制造业的地区分布变化对制成品价格指数的直接影响。假定制造业劳动力供给具有完全弹性，则 $\mathrm{d}w = 0$，又由于 $1-\sigma < 0$ 与 $\tau > 1$，那么，制造业就业的变化 $\dfrac{\mathrm{d}L}{L}$ 对价格指数具有负效应，我们将其称为价格指数效应（price index effect）。价格指数效应意味着，如果一个地区的工业部门越大，那么制成品价格指数也就越低。简单来说，这是由于在这些地区消费只有少部分工业制成品含有运输成本。

接下来，我们继续考虑相对需求是如何影响制造产业区位分布的，为方便起见，定义一个新的代表"贸易成本指数"的变量：

$$Z = \frac{1 - \tau^{1-\sigma}}{1 + \tau^{1-\sigma}} \qquad (2.19)$$

其中，Z 是取值介于 0 ~ 1 的贸易成本指数。如果贸易完全没有成本，即 $\tau = 1$，那么 $Z = 0$。如果贸易是不可能的，那么 $Z = 1$。利用 Z 消除方程（2.18）、（2.19）中的 $\frac{dG}{G}$，可得：

$$\left[\frac{\sigma}{Z} + Z(1 - \sigma)\right]\frac{dw}{w} + Z\frac{dL}{L} = \frac{dY}{Y} \qquad (2.20)$$

在假定制造业劳动力供给具有完全弹性的前提下，即 $dw = 0$，具有较大市场需求或本地市场（Y）的地区将可能拥有远超过其市场需求所占比例的制造业部门。这也就是 FKV 所谓的本地市场效应（home market effect）。而如果 $dw > 0$，也就是说制造业部门劳动者的供给不是完全弹性的，那么一个地区的国内市场的部分优势会转化为高工资而不是出口额，因此，具有较大市场需求的制造业厂商将给工人支付更高的名义工资。

总之，我们可以得到如下结论：

第一，由于价格指数效应的存在，产业集聚的地区的工业制成品的价格指数相对较低。

第二，由于本地市场效应的存在，垄断竞争厂商倾向于选择市场规模较大的地区进行生产并向市场规模小的地区出售其产品。

2. 集聚的向心力和离心力

从直觉上看，经济活动在空间上的均衡总是两种相反力量达到平衡的结果。即集聚的向心力与发散的离心力达到均衡。这样的结果也可以说消费者与生产者通过不断地选择与相互作用以至于已经没有比这一均衡区位更好的地理位置了。新经济地理学的主要突破之处在于将经济优势归因于经济主体的相互作用，而不是传统贸易理论所说的先天的、自然的差异。这种相互作用的力量就是集聚的向心力与发散的离心力。对于集聚力和分散力的来源，藤田、克鲁格曼和维纳伯斯（1999）的经典的中心—外围模型（FKV 模型）认为，集聚力是来自于厂商层次的报酬递增、消费者多样性偏好以及运输成本之间相互作用所产生的联系效应（linkage effect）。分散力则来源于竞争效应（competition effect）与市场拥挤效应（market crowding effect）。其后的模型丰富了新经济地理学的集聚与分散机制（Fujita et al.，1999；Ottaviano et al.，2002）。具体而言，作用于企业和工人的向心力和离心力如表 2.1 所示。

表 2.1   作用于企业和工人的向心力与离心力

向心力	离心力
联系效应	不可流动要素
厚市场	地租/通勤
知识溢出	拥挤效应与竞争效应
其他纯外部经济	其他纯外部不经济

资料来源：藤田和克鲁格曼（Fujita and Krugerman，2004）.

表 2.1 中的向心力包括了马歇尔（1890）所提出的三种外部经济，用现代术语来说就是：联系效应、厚市场、知识溢出和其他纯外部经济。在垄断竞争市场条件下运用一般均衡理论来解释生产和交易商品和服务所产生的联系效应是新经济地理学目前取得最多突破的领

域，尤其是在需求方的 FKV 框架（Fujita，Krugerman and Venables，1999）与生产方的 OTT 框架（Ottaviano，Tabuchi and Thisse，2002）下的共同推动下，经济地理学已开始靠拢主流经济学，而且这种联系效应也被称为金融外部性（pecuniary externalities）。厚市场主要是指克鲁格曼（1991b）提出的劳动力市场蓄水池模型。随后的新经济地理学家们在劳动力同质的假定下，分别从企业特定冲击和部门特定冲击下的劳动力有成本跨部门转移，以及冲击内生形成的原因方面对劳动力市场蓄水池模型进行了拓展（Gerlach et al.，2009）。

第三个向心力则产生于知识溢出和其他的纯外部经济。这类集聚力量已被城市经济学家、区域经济学家、地理学家甚至是管理学家（Porter，1998）所关注，然而在目前的研究中，知识溢出或者说是技术外部性仍然是一个黑匣子，尽管在新增长理论中的人力资本的外溢性的考察（Acemoglu and Angrist，2000）或是新近的创新理论（Audretsch and Feldman，1996）里都有不少突破。

表中的离心力包括不可流动要素、地租和通勤以及拥挤和其他的纯不经济性。在新经济地理学文献中最常见的被假定为不可流动的要素就是农民（Krugerman，1991a）。这种不可流动要素的存在提供了一种可能的离心力。地租和通勤成本的存在提供了另一种离心力。塔布齐（Tabuchi，1998）的两区域模型中随着制成品的运输成本下降，产业会因为核心区域的高地租而逐渐向外围扩散。然而在现实中，这种原因所产生的扩散很可能仅是在核心区域的极点附近的扩散，而不是跨区域的扩散。布拉克曼等（Brakman et al.，1996）将不同企业之间的拥挤效应引入新经济地理学模型当中，虽然没有考察城市内部的空间结构，但通过引入拥挤效应将经济中的分散力量纳入模型框架之中，修正了标准的新经济地理学模型。关于拥挤和其他的纯外部不经济（最典型的如城市经济中关注的污染），尽管在新经济地理框架下的文献并不多，但可以从城市的可持续发展的相关研究中有所借鉴。例如，与拥堵和污染相联系的一个研究论题是关于城市的蔓延（Glaseer and Kahn，2004）。

2.3　产业集聚与地区差距

2.3.1　集聚与地区差距：NEG 之经典理论

新经济地理学（NEG）文献，特别是克鲁格曼（Krugerman，1991a）提出的中心—外围模型（CP 模型）及其后续研究，在理论上建立起了城市集聚和地区差距的内在联系：中心—外围模型强调的自我强化（self-reinforcing）和基于联系（linkage-based）的集聚机制导致了先进的制造业集聚地与落后的分散农业（农村外围）之间的收入水平和空间形态的差异。其基本逻辑是：企业愿意把生产区位选在最大的市场，从而节省运输成本。当许多厂商都做出相同的决策时，则该地区的产品种类数将增多。企业根据边际成本加成定价法对产品进行定价，由于节约了运输成本，该地区的总体产品价格指数将低于另一产品种类数少的地区的产品价格指数，即对消费者来说由此产生了一个潜在的收入效应。这样，另一地区的制造业工人纷纷涌入该地区。结果该地区的消费者数量增加，对制成品的需求也相应增加，而这反过来又增加厂商的规模与数量，也增加了产品的种类数。因此，厂商数量与制造业工人流动的累积循环式的集聚实际上是前向联系（forward linkages）与后向联系（backward linkages）作用的结果。前向联系是从厂商投入品的角度来阐述的。当更多的制成品在本地供应，由于节省了运输成本而降低制造业产品的总体价格指数，也降低了厂商的劳动力和中间投入品的成本，这一向心力形式又被称为"价格指数效应"（price index effect）。后向联系是从需求方来描述的。假如一个地区的需求（或称市场规模）大于另一地区，由于产品出厂到消费者手中或到下一个产业链厂商需要运输成本，厂商的投资决策总是选择市场规模大的地区。当多数有投资欲望的厂商都选择相同的投资区位时，则有初始市场规模优势的地区将积累越来越多的优势。这一向心力形式又被称为"本地市场效应"（home market effect）（Krugerman，1991a）。通过上述这些前后向联系，在厂商水平上的规模递增转化为在地区水平上的规模报酬递增（locally increasing returns）。在这种情况下，由运输成本引起的产业集聚导致一个具有初步制造的地区可以通过累积循环机制使这一优势逐渐放大和巩固。由于生产要素流向产业集聚的地区，其他地区制造业将逐渐消失。这时产业分布就呈现出"制造业中心—农业外围"格局。因此，伴随着运输成本的降低，即一体化水平从低水平向中级水平跨越，地区的产业集聚现象发生，地区差距扩大，极化效应开始显现。此时的产业集聚可以被称为"地区集聚"。

　　然而，尽管中心—外围模型提供了地区产业集聚极强的动因，但现实中也没有出现一个超级巨大的"区位黑洞"（black-hole location）。其原因在于除了集聚机制存在外，还存在其他机制会产生中心—外围模型的逆转。随着地区间一体化进一步提高，即运输成本继续下降，地区产业集聚状况将发生显著变化，最终会造成经济地理上的分散，集聚可能会被瓦解（Puga，1999）。其中原因有两方面：一方面是因为在运输成本不断下降的这一情况下，产业集聚到一定程度后产生的非贸易产品（比如农业产品）价格居高不下，一旦其价格增加的速度比工业产品价格增加的速度更快，那么，在较大的地区，实际工资水平就不一定上涨。这就使得经济活动集聚在某区域不论是对企业还是对劳动力都是没有吸引力的，中心—外围结构就不能得以维持（Fujita et al.，1999）。另一方面是由于正的拥挤成本的存在。以城市内部的通勤成本、高房价、环境污染等形式存在的拥挤成本同样可能使得运输成本与集聚程度呈倒"U"型的关系出现。原因是，当运输成本非常低时，大量的劳动力集中在某一城市区域，土地租金、居住成本以及距离城市中心区域（CBD – the central business district）的通勤成本会上升，因此部分企业与劳动力将不得不率先从原制造业中心向周边地区转移。

　　由此可见，地区间一体化和集聚之间不是呈单调递减而是呈倒"U"形的关系。当出现厂商集聚到一个地区的长期均衡后，随着地区间一体化进一步提高，即运输成本的持续下降，该均衡将会因核心地区的拥挤成本而变得不再均衡，于是出现厂商从核心地区向外围地区扩散的现象。因此，地区间一体化发展水平与产业集聚之间存在着这种倒"U"形的关系：分散—集聚—分散。这种关系我们可以用一个简单的图例（见图2.2）表示。

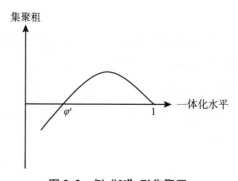

图2.2　倒"U"形集聚租

资料来源：Baldwin et al.（2003）.

　　假设一国中存在两个资源禀赋完全一样的地区，那么该国的地区间一体化水平①（横坐标）与集聚租②（纵坐标）之间关系表现在以下几个方面。

（1）在地区间的一体化水平很低的情况下，即两地区不存在贸易往来，此时集聚租为负值，厂商将选择分散，即生产都处于自给自足的状态，此时地区间的产业结构不存在差异，地区间的专业化指数为0，两地区的平均集中率相等。

（2）当地区间一体化水平有所上升时，两地区开始有贸易往来，由于历史的偶然因素或外部冲击使得某地区取得初步优势时，制造业厂商开始向这个区域集聚，同时，生产要素也会转移至该地区，并通过累积循环机制使该地区的制造业优势逐渐扩大，而另一地区制造业由于生产要素的流出而逐步被转移出去，直至形成两地区的"制造业中心—农业外围"的产业布局。在这一过程中，集聚租表现为递增的态势，因而在此阶段，地区差距将扩大。

（3）当地区间一体化水平很高时，地区的产业集聚状况又会发生变化。原制造业中心将出现产业外移。原外围农业地区将接受转移过来的产业，开始实现工业化起飞并与原制造业中心实现有效的产业分工协作（范剑勇和朱国林，2002）。在这一过程中，集聚租表现为递减的态势，并且此时地区差距也将缩小直至消失。

---

① 在这里我们用贸易自由度来衡量地区间一体化水平程度。贸易自由度是衡量地区之间商品贸易自由便利程度的一个指标，反映商品流动多大程度地受到贸易双方的阻碍。商品能以较低成本实现跨地区转移和交易，表明贸易自由度较高。贸易自由度概念是针对一切交易成本而言的，它是经过高度抽象的交易成本的函数，随交易成本的上升而下降。其中，这种交易成本不仅包括运输费用，还包括天然和人为的贸易壁垒、克服语言差异和文化差异的支出、保证合同实施的费用、货币兑换的费用与汇率风险、进口国批发和零售的配送成本以及进口国法律和管制费用等（Anderson and Wincoop，2004）。

② 集聚租就是一个厂商脱离集聚地区迁移到外围地区而遭受的损失。

2.3.2　产业集聚与地区差距研究的新进展

在经典的 NEG 模型的基础上，一些学者放松了微观主体同质性的假设，强调微观主体之间的异质性在经济活动空间格局中的作用，拓展了解析经济集聚的微观机理视角，使得理论研究更加符合现实经济的运行情况，也对区域经济学、产业经济学等相关经济学研究有重要启示，并为解释地区生产率差距和产业空间分布提供了新的视角。

鲍德温和大久保（Baldwin and Okubo，2006）把异质性企业的垄断竞争模型引入新经济地理模型的设定，探讨了生产效率异质性对于企业区位选择的影响，并指出这种异质性的存在对于企业定位具有选择效应和分类效应。选择效应是指：由于高效率企业定位于大市场（中心区）能获得更大的市场份额，同时也能够应对大市场（中心区）更加激烈的竞争，因而大市场总是倾向于吸引高效率企业的迁入，并且生产率越高的企业迁移至大市场的意愿越强烈。分类效应则是指：随着高效率企业迁移至中心区，中心区市场竞争加剧，中心区低效率的企业将被"挤出"市场或迁移至小市场（边缘区），通过贸易成本等障碍来维持市场份额。异质性企业分布最终会形成"高生产率企业集聚在大市场，低生产率企业集聚在小市场"的空间格局。弗斯利德和大久保（Forslid & Okubo，2014）、大久保等（Okubo et al.，2010）从不同角度对鲍德温和大久保（2006）的模型进行了扩展，他们都指出大市场更吸引高生产率企业。奥塔维亚诺（Ottaviano，2012）的研究也得出了相类似的结论。所以，企业异质性是一种重要的分散力，传统研究夸大了经济集聚对生产率提高的作用。经济集聚的本地市场效应虽然存在，但是之前对产业集聚的测度是存在偏误的。因此，企业异质性不仅是企业区位选择的重要因素，而且是区域生产率差异的关键动因（Melitz & Ottaviano，2008；Combes et al.，2012）。大久保和弗斯利德（2010）指出，分类效应是中心区域生产率提升的一个重要机制，中心区生产率高的原因除了是中心集聚区存在"金融"外部性和技术外部性的聚集经济能够显著提升企业的生产率之外，另一个重要来源是中心区具有更显著的选择效应，大市场的激烈竞争导致效率低的企业关闭，而增加了平均生产率。

此外，相关的经验分析也对此予以了实证检验，并得出了与理论研究一致的结论。赛弗逊（Syverson，2004）通过观察美国的企业发现，低效率的企业往往是由于难以在激烈的大市场竞争中生存而倾向于迁移出去。萨蒂欧（Satio，2008）使用智利的企业数据对企业的选择效应和生产率分布进行了实证分析，得出的结论发现高生产率企业大多集聚在产业结构多元、市场规模较大的区域，并且企业选择效应对中心区域生产率提高的作用比集聚经济效应还更大。丰等（Arimoto Y. et al.，2014）分析了 1909～1916 年日本缫丝行业的选择效应和集聚效应。

异质性企业对区域生产率的影响研究方面，大久保和托米拉（Okubo and Tomiura，2010）采用日本制造业的数据，考察了企业生产率在区域之间的分布情况，结果证实中心区域具有更高的平均生产率，但是也发现企业生产率分布是分散的，在中心区域这一现象尤为明显。考比斯等（Combes et al.，2012）进一步验证了中心地区平均生产率较之外围地区更高这一结论，其研究不仅发现异质性企业的区位选择行为对中心—外围地区的生产率分布存在影响，同时也指出，由于忽略了企业异质性的存在带来的选择效应与分类效应，以往的实证研究高估了集聚经济的作用。

2.4　劳动力流动、产业集聚与地区差距

2.4.1　劳动力区域间流动与产业集聚

　　劳动力是否发生流动以及流动的具体形态直接影响到经济集聚形成的机理，在新经济地理学的经典模型中，劳动力是一个不可忽视的重要因素，其在模型中一般具有两方面的功能：一方面，作为生产者，是产品供给重要的生产要素；另一方面，作为消费者，劳动力的总消费是各地区需求的唯一来源。劳动力流动意味着区域需求及总供给发生变动，这影响着经济活动的集聚。

　　在产业集聚形成的多种机制中，劳动力空间流动是促使产业集聚的一个重要途径。克鲁格曼（Krugman，1991a）最早运用两地区两部门模型，阐述了劳动力流动所引致的集聚过程：假定在经济体中存在条件完全对称的两个地区，每个地区都存在两个部门，即农业与制造业。同时，两个部门分别对应两种类型的劳动力，即农业劳动力与制造业劳动力。劳动力在两个地区均匀公布，制造业的劳动力在地区间可以自由流动。农产品是同质的，生产是规模报酬不变和完全竞争的。制造品包括许多差异产品，每种差异产品的生产都是规模经济，进而形成了垄断竞争的市场结构。当区际运输成本处于高位时，厂商仅仅服务于本地市场，这时区域的初始布局不会发生变化。然而当地区之间经济一体化程度不断加深，运输成本下降到某一临界水平时，经济活动就有可能在几个地区集聚起来，以便获得规模报酬递增的优势，这时区位的优劣主要取决于其提供的市场规模，厂商越接近最大规模的消费群体，越能降低产品的运输

成本。而经济活动的集聚一旦开始，集聚地区的商品及劳动力市场的竞争力就会不断增强、产品种类不断在丰富、劳动力需求不断扩大、生产要素价格不断攀升，导致循环累积关系，形成"本地市场效应"，进一步刺激外围地区的劳动力不断迁入，直到所有的厂商及劳动力都集聚到该地区。

　　图2.3（又称为"战斧图"）显示了经济活动的集聚与分散和贸易自由度的关系。横轴表示贸易自由度，当贸易自由度较小时，也即区域之间存在较高的运输成本，此时厂商是对称分布的，而贸易自由度一旦达到 B 点，这时对称分布不再是稳定的均衡，该点也被称为"断点"，表示一部分劳动力一旦开始流动，就会激发其他的劳动力跟随行动，促进经济活动的集聚（实线表示）。也就是说，如果运输成本下降到某一点后，一个小的经济扰动就会导致大规模的集聚。

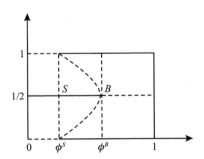

图 2.3　"战斧图"（劳动力流动在地区间可以自由流动）

资料来源：Baldwin et al. (2003).

　　在这种需求联系中，劳动力流动是个至关重要的变量，它导致本地市场规模不断扩张，其自我增强的机制形成了一个典型的中心（制造业）—外围（农业）格局，制造业在中心地区集聚起来。这种集聚暗含的另一个假设是地区之间实际工资是均等的，地区工资只要存在差异，劳动力就有向高工资地区迁移的动力。

图 2.3 表明，当经济处于 B 点的右侧时，经济一体化的深入并不能带来更大规模的集聚，因为厂商与劳动力已经完全集聚到一个地区。如果经济处于 B 点的左侧，经济一体化的深入会带来两种结果：一是经济继续处于 B 点的左侧，情况没有发生变化；另一种结果是如果经济从 B 点的左侧移到右侧，情况会发生变化，集聚开始形成。上述模型可得出一个重要结论（Baldwin et al.，2003）：经济的小扰动也可能导致地区经济格局发生重大变化。在 B 点或 S 点附近，经济发生小扰动，如运输成本的变化或模型中其他参数的变化，都可能导致地区经济活动的集聚或者分散。如果经济处于远离断点的位置，各种积极政策都不会对经济的空间布局产生任何影响。

劳动力流动与产业集聚的关系也得到了实证的检验，克罗泽特（Grozet，2004）使用欧盟多个地区的数据证实了劳动力流动与产业集聚的相关性，市场潜力指数高的地区，对劳动力的吸引力越大，而劳动力的流动又促进了集聚程度的加深。研究表明，当地区市场潜力指数上升 10%，从其他地区的迁移率将上升 1% ~ 13%。

2.4.2　劳动力区域间流动与地区差距

劳动力跨区域流动必然对地区的收入水平产生重要影响，其影响了流入地和流出地的经济发展和收入水平的变化。从目前的文献来看，有关这一论题的研究思路可分为两类（赵伟与李芬，2007）：一类是从新古典经济理论出发，探讨劳动力流动对流入地和流出地的影响；另一类是在新经济学的角度框架下，沿着"劳动力流动—产业集聚—地区差距"的思路展开，在劳动力流动与产业集聚的相互作用过程中分析地区差距的变化。下面我们主要对从新经济地理学角度研究的劳动力流动对地区差距影响机制的有关文献进行回顾。

1. 劳动力流动的本地市场效应与价格指数效应

劳动力的流动将对其他劳动力的利益及选择产生重要影响,新经济地理学认为,他们之间的相互影响可以通过市场表现出来,具体地说,主是通过实际工资收入及价格指数的变化表现出来。克鲁格曼(Krugman,1991a)指出,当产品运输成本下降至某一临界值时,经济活动中的企业将开始在有限的区域集聚,目的是获得规模报酬收益,此时劳动力的大量流入将导致集聚区域对企业生产的产品需求不断增加,即形成所谓的"本地市场效应",而后者又反过来刺激外围区域的企业及劳动力迁入本区域,本地市场效应与劳动力流动形成的循环累积效应的共同作用将导致区域发展不平衡。另外,鲍德温等(Baldwin et al.,2003)研究揭示,当经济集聚达到长期稳定均衡状态时,中心区域由于存在"本地市场效应"和"价格指数效应"将促使该中心区域的居民生活成本下降,实际收入水平上升,而外围区域由于需从中心区域输入大量消费品而支付高额的交通运输成本费用,因此外围居民的生活成本将趋于上升,居民实际收入水平趋于下降,中心—外围区域的实际收入水平将出现扩散。

2. 劳动力流动的集聚效应与扩散效应

新经济地理学认为,经济活动在空间上的均衡是集聚的"向心力"与"离心力"两种相反力量达到平衡的结果。受此思想的启发,部分学者通过研究劳动力空间流动的集聚效应与扩散效应来动态分析区域发展变化。布拉克曼等(Brackman et al.,1996)率先将拥挤效应等经济分散力量引入新经济地理学模型中,对标准的新经济地理学模型进行了修正。随后,塔布齐和斯瑟(Tabuchia and Thisse,2001)在其构建的 THL(taste heterogeneity labor)模型中,不仅分析了前后向关联效应与循环累积效应等集聚的向心力因素,而且讨论了更多的分散力因素，如拥挤效应、市场竞争等分散化作用对经济集聚与地区工资差距的影响。奥塔维亚诺、塔布齐和斯瑟（Ottaviano，Tabuchi and Thisse，2002）在线性 FE 模型基础上，通过引入地租与通勤成本等离心力因素，着重强调居住成本与通勤成本等分散力的作用，从而使模型更加符合实际，有利于解释产业空间结构与区域发展的变化。

3. 劳动力流动的人力资本溢出效应

不少学者在新经济地理学研究框架下，通过引入变量或改变传统模型的一些基本假设条件分析劳动力流动的人力资本溢出效应对地区收入差距的影响。首先，强调劳动力流动的知识溢出效应（knowledge spillovers）的作用。如尼古拉·D. 考尼格里奥（Coniglio et al.，2009）在其自我选择模型中假设工业部门中存在两种生产效率截然不同的劳动力要素：即普通劳动力和人力资本。其中，人力资本流动将对流入地产生技能提升效应从而提高流入地的生产效率，人力资本的知识溢出效应导致流入区域的名义工资收入的提高。其次，对模型中劳动力无差异性的假设条件进行修正，从劳动异质化方向进行拓展。如奥塔维亚诺（Ottaviano，2001）认为，工业部门使用的资本具有人力资本的含义，与所有者不可分离，因此资本的空间转移必然伴随所有者的空间转移，这就意味着人力资本流动同样会引发本地市场效应和价格指数效用的前后向关联，从而加剧地区收入差距。

2.5 简短评论

近年来，一些学者也开始尝试运用新经济地理学的方法探讨和研究我国劳动力流动与地区收入差距问题。他们以中国转型时期为背景，结合制度因素来分析劳动力流动对地区差距的影响，通常假设劳动力流动存在制度障碍并且处于不完全流动的状态。胡（Hu，2002）在分析中国区域差异的特征基础上，建立了一个新经济地理学模型，在模型中创造性地引入了农村非正式工业部门，并将低技术劳动力的流动纳入政府限制的框架下，从而对中国沿海与内地的差异问题有一定的解释能力。范剑勇（2009）通过引力模型计算衡量中国各地级城市空间需求大小的市场准入，并以此解释地级城市间的职工工资差异。许召元、李善同（2008）在新经济地理学的框架下，引入"干中学"效应、劳动力不完全流动性以及城市经济学中的拥挤效应，建立了一个两区域经济增长模型，得出了劳动力的跨区域迁移可能缩小、也可能扩大地区收入差距的结论，这主要取决于资本的外部性和拥挤效应的大小。张文武、梁琦（2011）通过计算各省的劳动集中度来解释产业空间和地区收入差距的发展变化，认为人力资本存量差异是地区收入差距扩大的重要原因。

从现有国内外文献来看，在新经济地理学框架下开展我国劳动力流动与产业空间分布、地区差距的研究将面临诸多问题与挑战。首先，中国的劳动力流动具有典型的"二元化"特征，即高技能人才相对流动自由和普通劳动力流动不自由的现象普遍存在。较高技能的劳动力的流动往往是无障碍的，甚至各地区都在出台优惠措施吸引该部分人才，然而，普通劳动者在选择迁移过程中却要面临诸多的限制。因此，流动劳动力并不是无差异的，不同劳动力流动所带来的收入效应也会存在较大的差别。其次，中国作为经济转型的发展中国家，劳动力流动以及劳动力市场都有其独特性。劳动力迁移面临的约束因素比西方发达国家要复杂得多，如存在户籍制度、公共产品的供给不足等问题，并且迁移成本也比一般市场经济国家要高。同时，受户籍制度的影响，大多数流动的普通劳动力与迁出地仍存在密切联系，对未取得流入地户口的大多数劳动力来说，流入地仅是其工资获取地，而不是长久居住地，因此其大部分收入将转移至流出地。如果后续的研究能够结合中国劳动力流动特点和劳动力市场的"二元"化特征，对产业空间分布和地区收入差距的变化进行分析，无疑将是新的理论扩展，尤其是修正劳动力流动基本假设进行的理论建模，将会是新经济地理学的扩展，也可以更加深化对中国现实经济问题的研究。

新经济地理学自克鲁格曼开创以来，经过多年的发展，已初步形成比较完整的理论体系，同时也被很多国内外经验研究所证实。其研究领域逐渐从国际贸易领域扩展至国民经济发展的内部问题，其中劳动力流动、产业空间集聚与地区差距等与现实密切相关的问题得到了新的解释。然而，运用新经济地理学研究我国劳动力流动与区域差距问题，应该对相关理论假设进行改进，诸如进一步对"冰山成本"、企业与劳动力的异质性等假设进行探讨，并引入动态分析和跨期效用等概念，使研究更加贴近和符合现实。因此，劳动力流动对产业空间分布、地区差距的研究逐渐将朝着更加接近现实经济的方向发展的趋势也越来越明显。

实证研究方面，从总体上看，国内从市场潜能视角研究劳动力流动与区域差距的经验研究还较少，现有关于劳动力流动引致的各种市场效应的实证研究主要集中于欧美及日本等发达国家的案例，而基于中国的数据的研究则明显不足。中国大量的经验研究验证了劳动力流动对产业集聚具有前后向联系效应与循环累积效应。近年来，除直接验证劳动力流动与产业集聚关系的经验研究外，逐渐开始关注现实中普遍存在的收入差距的问题。

第3章 区域间劳动力流动与产业集聚：机理和模型

3.1 引 言

关于产业区域集聚的起因均可从比较优势理论、新贸易理论和新经济地理学中得到解释。比较优势理论的解释主要基于自然资源禀赋、地理位置的特征差异这些完全外生因素来解释产业的区域集聚，比如说东部沿海地区的率先发展首先是由于其优越的地理位置和优惠的政策。新贸易理论和新经济地理学则基于"规模经济"来解释产业区域集聚。与比较优势理论不同，新贸易理论采用不完全竞争、规模报酬递增与需求多样性的假设（Krugerman，1980；Helpman，1984；Ethier，1982），由于"本地市场效应"的存在，使得拥有更多劳动力的地区会有更高的真实工资水平，同时能够生产更多的产品品种，这都会吸引劳动力向已经拥有更多劳动力的地区流动，从而导致区域产业集聚的发生。但是，新国际贸易理论的最大缺陷是决定制造业份额的源头仍是外生给定的要素禀赋差异，忽视了内生的劳动力等要素的跨区域流动对产业集聚的影响（范剑勇等，2004）。而新经济地理学则避免了这一点。劳动力是否流动以及流动的形态直接

影响着集聚形成的机制。在经济集聚形成的多种机制中，劳动力要
素的流动无疑是经济集聚最重要的因素。在新经济地理学的经典模
型中，劳动力承担两方面的功能：一是作为消费者，其产生的总消
费是需求的主要来源；二是作为生产者，它是产品生产供给重要的
生产要素。

　　新经济地理学与新国际贸易理论的区别是假设地区间的劳动力
要素是完全自由流动的，并且认为劳动力的流动对工资和收入水平
具有高度的弹性和敏感性。其主要突破之处在于将经济优势归因于
经济主体之间的相互作用，而不是传统贸易理论所说的先天的、自
然的差异。这种相互作用的力量可分为导致集聚的向心力和导致分
散的离心力。其中由市场效应所产生的吸引企业向市场规模大的区
域集中和价格指数效应所产生的吸引工人向企业数量多的区域集中
的向心力，将导致两个起先完全相同的地区演变为一个核心与外围
的产业集聚模式。而市场拥挤效应产生的力量则正好相反，其抑制
企业和工人向集聚区域流动，拥挤效应的存在使得经济在发展到了
一定程度后，厂商和劳动力有向边缘地区流动的动力，这在一定程
度上体现了"扩散效应"在起作用。

　　新经济地理学认为，劳动力在高工资的诱导下向发达地区流动，
不仅满足了发达地区对劳动力的需求，同时也会形成"本地市场效
应"，促进当地市场规模的扩大，进而生产规模进一步扩大，吸引
资本和劳动力要素继续流入。随着市场规模扩大、产品种类增多，
规模经济和范围经济出现，在本地知识溢出效应、劳动力市场池效
应的作用下，本地创新能力加强，技术进步加快，形成集聚效应，
发达地区经济效率将得以持续改进（如图 3.1 所示）。就总体经济
而言，劳动力流动使资源配置效率提高，从而使整体经济效率提
升。因此，新经济地理学阐述了劳动力流动形成区域集聚效应、加
快流入地经济增长的内在机理，极大地深化了劳动力流动对区域经

济效率影响机制的研究。

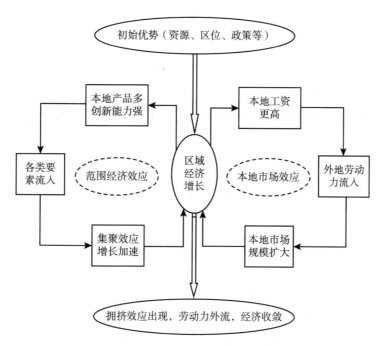

图 3.1　劳动力流动、集聚效应与地区差距的作用机制

　　通过劳动力跨区域流动产生集聚的过程大致是这样的（Kruger-man，1991a）：在规模报酬递增和地区间存在运输成本的情况下，开始两个市场规模、资源禀赋等方面完全相同的地区，由历史的偶然事件或外部冲击使得某一个地区形成相对于另一地区暂时的优势时，厂商开始向这个区域集聚，以享受强大的"本地市场效应"的成果，更多厂商的进入导致对劳动力的更多需求，所以名义工资在更集聚的区域也会提高。厂商支付更高的名义工资与其集聚所获得收益相抵销。这样，在更为集聚的区域，劳动力的真实工资就更高，这种劳动力的真实工资差异鼓励劳动力从其他区域的迁入。劳动力的迁入会导致名义工资的下降。名义工资的下降接着又给厂商以一定的利润空间，从而吸引更多的厂商的迁入，从而形成一个累积循环的过程。所以，一个地区暂时的优势可以通过累积循环机制而得到逐步扩大，从而使规模报酬递增以地方化的形式来表现，另一个地区制造业由于生产要素的流出而逐步被转移出去，直至形成中心—外围的产业分布格局。

虽然以上松脚型劳动力模型对产业区域集聚有较好的解释力，但由于其仅仅关注地区间的运输成本，并把各地区（城市）自身视为一个个点，忽视了各地区（城市）内部的空间结构、拥挤效应与通勤成本。实际上，随着产业区域集聚的程度上升，工人人数大量增多，区域的通勤成本、拥挤成本、土地地租亦随外来劳动力人数的增多而增加。因此，劳动力跨区域集聚所带来的拥挤效应是产业集聚不可小觑的分散力量。

因此，劳动力跨区域流动对产业的区域集聚有两方面的作用，一方面通过"价格效应"与"本地市场效应"的"资金"外部性与技术等外部规模效应的作用，引起产业在空间上发生转移与集聚；另一方面是其带来城市拥挤效应，从而降低了产业的区域集聚。

在诸多理论中，新经济地理学为解释劳动力流动与经济集聚内在关系提供较为可靠的理论框架。新经济地理学认为，在规模报酬递增与地区间存在运输成本的情况下，劳动力流动将引起前向与后向的循环累积效应，即通过影响区域需求及总供给的变化对经济集聚产生正影响，但由于该理论过于强调"金融外部性"这一单一的集聚机制使得其忽略了太多的现实因素（Fujita and Mori，2005），其中关键性的两类缺陷分别是忽视了其他外部性对经济集聚的影响和对集聚的成本的关注太少。针对新经济地理学模型存在的两类问题，研究者一直未曾放弃构建马歇尔外部性的微观基础并将空间因素融入模型的努力，虽取得了一些重要的研究成果，但将城市内部空间结构、其他类型的集聚机制同时纳入新经济地理学的整合研究目前仍未取得明显的进展。本章主要是在新经济地理学模型框架下探讨劳动力区间流动对经济空间集聚的影响，为使模型更加接近经济现实，本章从劳动力流动对企业生产产生的正、负外部效应出发，即一方面通过"资金外部性""知识外溢性""劳动力市场池"等外部效应的作用，引致经济和产业在空间上发生转移与集聚；另一方面是其带来的城市拥挤效应、竞争效应所产生的扩散效应，同时分析劳动力拥挤成本对劳动力区间流动、区域实际工资差距与经济集聚的内在影响。

在现实生活中，世界各国或地区的经济增长和生产率差异极大。究其原因，外部性对经济增长率或技术进步产生非常大的影响，并且，外部性在解释劳动生产率的空间差异时获得了巨大的成功，多数的研究得出了产业的空间集聚促进劳动生产率提高的结论。而产业集聚在发展中国家一般表现为工业化、城市化过程，即从二元经济结构向现代一元经济转换的过程。城市化经济（urbanization economies）强调多样化产业集聚的效应，这种效应也被称为"雅各布斯型外部性"（Jacobs，1969）。城市化经济所反映的是"城市规模的外部性经济"，它不仅与工业部门的规模有关，还与商品和服务的多样性和专业化有关（Hoover，1948）。

基于上述思路，本章接下来的内容结构安排如下：第二部分构建修正的新经济地理学模型框架，并运用模型定性分析劳动力流动的集聚效应机制；第三部分进行数值模拟；第四部分为本章的结论及存在的不足。

3.2 模　　型

3.2.1 基本假定

此部分模型的构建在一定程度上接受了内藤（Tabuchi, 1998）与陈良文等（2007）的研究思路，对劳动力流动引致的集聚效应与拥挤扩散效应进行综合考虑，特别将马歇尔外部效应与劳动力拥挤成本同时引入一般均衡模型。假设经济中存在两个区域，每个区域都包含城市和农村地区，其中所有地区城市是一个单中心城市结构（monocentric city model），即只存在一个给定的中心地区（CBD），由于 CBD 占地面积很小，因此我们可以把它视为一个点。经济中存在两类产业部门——制造业部门和农业部门，其中农业部门在规模报酬不变与完全竞争的条件下生产同质产品，且无运输成本；制造业部门则全部集中在城市 CBD 地区生产，它们是在规模收益递增和垄断竞争条件下生产多样性差异产品，且存在运输成本，并采用"冰山成本"（iceberg-cost）交易技术衡量制造业产品在地区间的运输成本，即将 1 单位产品从一个区域运送到另一个区域，只有 $\tau \in [0, 1]$ 单位的产品能够到达目的地，运送过程中消耗的部分即为运输成本，因此 $1/\tau$ 是地区之间的运输成本，如果本地产品的价格为 p_i，那么运输到另一地区后价格变为 p_i/τ。制造业产品在一个地区内运输的运输成本为零。

在这个经济中，另外我们还假定所有城市工人均是同质的，且都居住在 CBD 的周边地区，工人需支付通勤成本赶赴 CBD 地区上班。工人可以在两地区之间自由流动，而农民不能自由流动。工人和农民既是生产者，又是消费者，并且具有相同的消费偏好，除了消费农产品，他们对工业品都有多样性的需求，即假定在垄断竞争的市场结构下，所有消费者对于两个商品束（农产品和制造品的集合）都有相同的柯布 – 道格拉斯偏好，而对于差异制造品有着 CES 类型的子效用函数。

3.2.2 居民消费选择问题

假设代表性城市居民消费偏好特征符合 D – S（Dixit and Stiglitz, 1977）特征，其对于两个商品束（农产品和工业产品的集合）都有相同的 Cobb – Douglas 偏好，且对于差异的工业产品有着 CES 类型的子效用函数，即：

$$U = C_M^\mu C_A^{1-\mu} \tag{3.1}$$

其中，C_A 表示代表性城市居民对农产品的消费。C_M 表示城市居民所消费工业品一个综合指数，其表达式为 CES 函数形式：

$$C_M = \left\{ \sum_i^n c_i^{1-1/\sigma} \right\}^{\frac{1}{(1-1/\sigma)}} \tag{3.2}$$

其中，c_i 表示消费者对第 i 类制造业产品的消费量。参数 ρ 代表了消费者对工业品种类的偏好强度，各类制造业产品之间的替代弹性是 $\sigma = \dfrac{1}{(1-\rho)} \geq 1$。$n$ 是所有制造业产品的种类，由于每个厂商只生产一种产品，因此它们也是厂商的规模数目。CES 形式的效用函数表明了消费者对制造业产品存在多样化偏好。

由于农业产品具有规模报酬不变和完全竞争的特点，可以假设生产一单位产品需要等量单位劳动力。为了简化，假设农产品价格

为计价单位，其价格标准化为 1。G 为定义的工业品综合价格指数[1]，即 $G \equiv \left| \sum_i^n p_i^{1-\sigma} \right|^{\frac{1}{1-\sigma}}$，其中，$p_i$ 为第 i 类制造业产品的价格。同时，假设城市地租由该区域所有的工人共同获得，代表性居民的可支配收入为 ω。则代表性居民面临的预算约束为：

$$G \cdot C_M + C_A = \omega \qquad (3.3)$$

在约束式（3.3）下最优化居民的效用函数，可得工业品和农产品的消费量分别为：

$$C_M = \frac{\mu\omega}{G} \qquad (3.4)$$

$$C_A = (1-\mu)\omega \qquad (3.5)$$

因此，代表性消费者的间接效用函数为：

$$U = \mu^\mu (1-\mu)^{1-\mu} G^{-\mu} \omega \qquad (3.6)$$

由于经济体中两个区域是对称的，因此我们可以仅考虑地区 1 生产消费情况。那么，地区 1 城市代表居民面临的预算约束为：

$$\sum_{n_1} c_{i1} p_{i1} + \sum_{n_2} c_{j2} p_{j2}/\tau + C_A = \omega_1 \qquad (3.3')$$

其中，c_{i1} 与 c_{j2} 分别为地区 1 代表性居民对地区 1 生产的第 i 种工业产品和地区 2 生产的第 j 种工业产品的消费数量。令 c_{11} 和 c_{12} 分别为地区 1 工人对地区 1 生产的代表性工业品和地区 2 生产的代表性工业品的消费数量。p_1、p_2 分别为地区 1 生产的代表性产品和地区 2 生产的代表性产品的价格，则根据消费支出最小化，我们可以求出：

$$\frac{c_{11}}{c_{12}} = \left(\frac{p_2}{p_1\tau} \right)^\sigma \qquad (3.7)$$

---

[1] 这个工业品综合价格指数 G，也是购买一个单位的综合工业品 M 的最小成本，推导过程见藤田等（1999）。

3.2.3　生产者行为

本节继续沿用克鲁格曼（1991a）基本假设，将经济体中劳动总量标准化为 1，其中农民（劳动力）总量为 $1-\mu$。首先我们考虑农业部门的生产，假设农民（劳动力）不可在区域间自由流动，且在两个区域间平均分布，则每个区域农民（劳动力）供给量均为 $(1-\mu)/2$。由于农业生产部门为规模报酬不变与完全竞争行业，生产 1 单位产品需等量单位工人，同时我们已假定农产品价格标准化为 1，因此各区域农业的产出即为农民的收入，即两对称区域农民收入均为：

$$\omega_A = \frac{(1-\mu)}{2} \tag{3.8}$$

下面我们转向考虑工业品生产情况。传统的新经济地理学模型仅仅反映了"金融外部性"这一单一集聚机制，其过于强调消费者多样性的影响（Anas，2004），而忽视其他类型的外部集聚效应，特别是知识外溢效应（张可云，2013）。而实际上，自马歇尔外部性（Mashallian externalities）学说提出以后，劳动力初始集聚时产生的"知识外溢"（knowledge spillovers）与"劳动力市场共享"（labour market pooling）在企业生产中形成的正向外部效应一直为集聚经济相关研究所重视（Glaeser，1999）。劳动力队伍不断扩大在给当地工业部门生产企业带来"金融外部性"、劳动力市场共享与知识外溢等正外部性的好处的同时，也给企业生产带来诸多负外部性，比如市场拥挤效应（market crowding effect）与竞争效应（competition effect）。劳动力的大量涌入，不仅拉高了当地的土地租金与住房价格，而且带来城市环境污染、工资成本上升等负外部性，显然新经济地理学模型对劳动力流动引致的经济集聚离心力因素的考虑还远远不够。

为弥补以上新经济地理学模型存在的缺陷，我们在企业的生产过程中综合考虑了劳动力市场的扩大给企业生产存在的正向外部性与负外部性的影响，因此，我们沿用布拉克曼（Brakman，1996）和布拉克曼等、（Brakman et al.，2001）模型参数以体现劳动力流入对企业生产存在的正、负外部效应。由于区域是对称的，我们仅考虑区域 1 的代表性企业，假设其劳动投入关于产出的函数为：

$$l_1 = n_1^{\frac{\theta}{1-\theta}}(\alpha + \beta x_1), \quad -1 < \theta < 1 \qquad (3.9)$$

其中，x_1 表示地区 1 代表性企业的产出，l_1 为劳动投入，n_1 表示该区域工业企业规模，即工业企业数量。我们假设 θ 参数包含了劳动力流入对企业生产存在所有的正外部效应与负外部效应，且每个企业面临的外部效应取决于整个劳动力市场的规模。其中，$\theta = 0$ 表示劳动力流入对企业生产不存在外部效应；$-1 < \theta < 0$ 表示劳动力流入对企业生产存在正向外部性；$0 < \theta < 1$ 表示劳动力流入对企业生产存在不经济或负外部性。α 为企业的固定成本，用于衡量企业的内部规模经济。每个企业都将劳动力市场规模视为给定的，因此决策时不考虑自身行为对劳动力市场的影响。

该区域代表性工业企业的利润函数为：

$$\pi_1 = p_1 x_1 - w_1 \left(n_1^{\frac{\theta}{1-\theta}}(\alpha + \beta x_1) \right) \qquad (3.10)$$

进一步推导可得，工业品需求价格弹性正好与工业品替代弹性相等，均为 σ，企业利润最大化时，工业产品的定价方程为：

$$p_1 = \frac{\sigma}{\sigma - 1}\beta w_1 n_1^{\frac{\theta}{1-\theta}} \qquad (3.11)$$

由于工业品生产是垄断的产业结构，因此均衡时工业企业的利润必然为零。由此可以求得均衡时工业企业的产量和劳动投入：

$$x_1^* = \alpha(\sigma - 1) \qquad (3.12)$$

$$l_1^* = n_1^{\frac{\theta}{1-\theta}}(\alpha\sigma) \tag{3.13}$$

我们假设经济体中的两区域的工业部门的劳动力人数分别为 L_1、L_2，且满足 $L_1 + L_2 = \mu$，由此可进一步求得区域 1 工业企业数目（由于企业存在内部规模经济，因此一类产品只有 1 个企业生产，因此均衡企业数量即为均衡的制造业产品种类）：

$$n_1^* = \frac{L_1}{l_1^*} = \left(\frac{L_1}{\alpha\sigma}\right)^{1-\theta} \tag{3.14}$$

3.2.4　城市内部空间结构下城镇人均可支配收入

无论是预期的区域工资差距还是实际的区域工资差距，都会引发劳动力流动，因此区域工资差距是劳动力流动的主要机制，纯经济的利益差距是劳动力迁移的主要原因（Hick，1932），区域间实际工资的差距的大小对劳动力区间流动有非常重要的影响。因此，我们尝试在模型框架中引入城市内部空间结构分析劳动力拥挤成本对工人实际工资的影响。在此我们采用阿纳斯（Anas，2004）的模型，假设城镇是一个单中心城市结构（monocentric city model），在这样的城镇里，所有的企业工厂都位于城市的中心区域（CBD – the central business district），所有的工业企业工人都居住在以 CBD 为中心的圆形区域内，假设每个工人的居住面积为一个单位，这样，当该区域城市的总人口为 L_1 时，则地区 1 城市的半径 r_f 为：

$$r_f = \pi^{-\frac{1}{2}} L_1^{\frac{1}{2}} \tag{3.15}$$

假设工人上班的交通时间与工人居住地距离 CBD 的距离呈线性函数关系。假设每个工人的时间禀赋为 1，那么居住地离 CBD 距离为 r 的工人有效劳动时间为：

$$H(r) = 1 - tr \tag{3.16}$$

其中，t 为每单位距离所需的交通成本时间。如果工人居住地距离 CBD 的距离为 r，则该工人的交通成本为 tr 单位工作时间，这样整个城市的总交通成本为 $\int_0^{r_f} 2\pi r \cdot tr \mathrm{d}r$，即 $2/3\pi^{-1/2}tL_1^{3/2}$，而人均交通成本为 $2/3\pi^{-1/2}tL_1^{1/2}$，因此对总人口为 L_1 的城市来说，平均每个劳动者的有效劳动时间为 $h(l_1) = 1 - (2/3\pi^{-1/2}t)L_1^{1/2}$，记 $\eta = 2/3\pi^{-1/2}t$，则 $h(l_1) = 1 - \eta L_1^{1/2}$。同时，从式（3.15）与式（3.16）可以得知，整个城市的有效劳动供给量为：

$$H_c = \int_0^{r_f} 2\pi r H(r) \mathrm{d}r = L_1(1 - \eta L_1^{1/2}), \text{其中} \ \eta = 2/3\pi^{-1/2}t$$

（3.17）

长期均衡时，经济体中的所有工人的收入应该是一致的。因此有：

$$(1 - tr)w_1 - R(r) = (1 - tr_f)w_1 - R(r_f), \ 0 \leqslant r \leqslant r_f$$

（3.18）

式（3.18）的左边表示的是居住在区域 1 城市边界处的居民实际工资收入，它是在扣除交通成本与住房地租 $R(r_f)$ 的基础上得到的，并且城市边界处地租水平应等于农业地租，即 $R(r_f) = rent_A$。而右边的表示是居住在区域 1 中离 CBD 的距离为 r 的居民的实际收入。在长期均衡时，二者的实际收入应该相等。由式（3.18）可得与 CBD 的距离为 r 的地租水平为：

$$R(r) = t(r_f - r)w_1 + R(r_f)$$

（3.19）

由此我们可以得到区域 1 中的加总级差地租水平（TDR），即为：

$$TDR = \int_0^{r_f} 2\pi r R(r) \mathrm{d}r = (\eta L_1^{3/2}w_1)/2 + R(r_f)L_1$$

（3.20）

在此基础上，地区 1 代表性工人的可支配收入应该为：

$$\omega(L_1) = (1 - tr)w_1 + TDR/L_1 - R(r) = (1 - \eta L_1^{1/2})w_1$$

（3.21）

式（3.21）表示工人的可支配收入等于工人实际工资（扣除交

通时间成本）与经过再分配后的转移地租收入之和，减去在 r 地居住的地租。

所以由于存在拥挤成本，该区域城市工人实际可支配的工资水平要小于有效劳动的工资水平，我们将城市工人的可支配工资收入记为 ω，则地区 1 代表性工人的可支配收入为：

$$\omega_1 = (1 - \eta L_1^{1/2}) w_1 \tag{3.22}$$

3.2.5　劳动力流动区位选择均衡

首先，考虑工人在两地区之间区位选择的均衡。由式（3.11）与式（3.14）可知两地区工业品价格之比为：

$$p_1/p_2 = w_1/w_2 (L_1/L_2)^\theta \tag{3.23}$$

区域 1 的消费者对区域 1 生产的工业产品与区域 2 生产的工业产品都有消费需求，那么由式（3.7）、式（3.23）可知，区域 1 居民消费者对两区域产品的相对需求为：

$$\frac{c_{11}}{c_{12}} = \left(\frac{p_2}{p_1\tau}\right)^\sigma = \left(\frac{w_2}{w_1\tau}\right)^\sigma \left(\frac{L_2}{L_1}\right)^{\theta\sigma} \tag{3.24}$$

在前文中我们已经假设两区域城市代表性居民的可支配收入分别为 ω_1、ω_2，同时由式（3.8）可知两区域农民总收入均为 $(1-\mu)/2$，由此我们可以得知，区域 1 与区域 2 总收入分别为：

$$Y_1 = (1 - \mu)/2 + \omega_1 L_1 \tag{3.25}$$

$$Y_2 = (1 - \mu)/2 + \omega_2 L_2 \tag{3.26}$$

定义 z_{11} 表示为区域 1 的代表性居民消费者对区域 1 生产的工业产品消费支出与其对区域 2 生产的工业产品消费支出之比，z_{12} 表示为区域 2 的代表性居民消费者对区域 1 生产的工业产品消费支出与其对区域 2 生产的工业产品消费支出之比。则可知：

$$z_{11} = \left(\frac{n_1}{n_2}\right)\left(\frac{p_1}{p_2/\tau}\right)\left(\frac{c_{11}}{c_{12}}\right) = \left(\frac{L_1}{L_2}\right)^{1-\theta\sigma}\left(\frac{w_1\tau}{w_2}\right)^{1-\sigma} \quad (3.27)$$

$$z_{12} = \left(\frac{n_1}{n_2}\right)\left(\frac{p_1/\tau}{p_2}\right)\left(\frac{c_{21}}{c_{22}}\right) = \left(\frac{L_1}{L_2}\right)^{1-\theta\sigma}\left(\frac{w_1}{w_2\tau}\right)^{1-\sigma} \quad (3.28)$$

我们知道，区域城市居民总收入是来自两区域对该区域生产工业产品的总消费支出，由于总收入中支出在工业产品中比重为 μ，因此，两个区域城市居民总收入分别为：

$$\omega_1 L_1 = \mu\left[\left(\frac{z_{11}}{1+z_{11}}\right)Y_1 + \left(\frac{z_{12}}{1+z_{12}}\right)Y_2\right] \quad (3.29)$$

$$\omega_2 L_2 = \mu\left[\left(\frac{1}{1+z_{12}}\right)Y_1 + \left(\frac{1}{1+z_{12}}\right)Y_2\right] \quad (3.30)$$

其中，式（3.29）左边为区域 1 中所有城市居民的可支配收入，右边为区域 1 和区域 2 对区域 1 内生产的工业产品的总消费支出。同理，式（3.30）是区域 2 的此类情形。

式（3.25）~式（3.30）构成的非线性方程组决定了劳动力区域分布的短期均衡。在短期均衡下，劳动力区域分布对称状态的稳态性是不确定的。从长期看，劳动力在区域间的流动取决于两区域间间接效应函数之比。

其次我们分析劳动力在两区域之间的区位选择。根据前文对工业品价格指数的定义，我们可以将区域 1 居民消费者面对的工业品价格指数 G_1 定义为：

$$G_1 = [n_1 p^{1-\sigma} + n_2 (p_2/\tau)^{1-\sigma}]^{\frac{1}{1-\sigma}} \quad (3.31)$$

将式（3.11）、式（3.14）代入式（3.31），区域 1 居民消费者面对的工业品价格指数 G_1 可表示为：

$$G_1 = \beta \frac{\sigma}{1-\sigma}\left\{\left(\frac{L_1}{\alpha\sigma}\right)^{1-\theta\sigma} w_1^{1-\sigma} + \left(\frac{L_2}{\alpha\sigma}\right)^{1-\theta\sigma}\left(\frac{w_2}{\tau}\right)^{1-\sigma}\right\}^{\frac{1}{1-\sigma}} \quad (3.32)$$

同理，区域 2 居民消费者面对的工业品价格指数 G_2 可表示为：

$$G_2 = \beta \frac{\sigma}{1-\sigma} \left\{ \left(\frac{L_1}{\alpha\sigma} \right)^{1-\theta\sigma} \left(\frac{w_1}{\tau} \right)^{1-\sigma} + \left(\frac{L_2}{\alpha\sigma} \right)^{1-\theta\sigma} w_2^{1-\sigma} \right\}^{\frac{1}{1-\sigma}} \qquad (3.33)$$

由式（3.6）可知，区域 1 和区域 2 代表性居民的间接效用之比为：

$$\frac{U_1}{U_2} = \frac{\mu^\mu (1-\mu)^{1-\mu} G_1^{-\mu} \omega_1}{\mu^\mu (1-\mu)^{1-\mu} G_2^{-\mu} \omega_2} = \frac{\omega_1}{\omega_2} \cdot \frac{G_2^\mu}{G_1^\mu} \qquad (3.34)$$

由 G_1、G_2 的表达式，式（3.34）可进一步表示为：

$$\frac{U_1}{U_2} = \frac{\omega_1}{\omega_2} \cdot \frac{G_2^\mu}{G_1^\mu} = \frac{\omega_1}{\omega_2} \left[\frac{L_1^{1-\theta\sigma} \left(\frac{w_1}{\tau} \right)^{1-\sigma} + L_2^{1-\theta\sigma} w_2^{1-\sigma}}{L_1^{1-\theta\sigma} w_1^{1-\sigma} + L_2^{1-\theta\sigma} \left(\frac{w_2}{\tau} \right)^{1-\sigma}} \right]^{\frac{\mu}{1-\sigma}} \qquad (3.35)$$

定义 $f = L_1/\mu$，即 f 为区域 1 工业部门劳动力人数占比，由此式（3.35）可表示为：

$$\frac{U_1}{U_2} = \frac{\omega_1}{\omega_2} \cdot \frac{G_2^\mu}{G_1^\mu} = \frac{\omega_1}{\omega_2} \left[\frac{f^{1-\theta\sigma} \left(\frac{w_1}{\tau} \right)^{1-\sigma} + (1-f)^{1-\theta\sigma} w_2^{1-\sigma}}{f^{1-\theta\sigma} w_1^{1-\sigma} + (1-f)^{1-\theta\sigma} \left(\frac{w_2}{\tau} \right)^{1-\sigma}} \right]^{\frac{\mu}{1-\sigma}} \qquad (3.36)$$

从长期看，劳动力区间流动由两区域间间接效应函数之比（式（3.36））决定。初始时，假设两个地区都有厂商分布，即 $f \in (0,1)$。如果 $U_1/U_2 = 1$ 时，这表明代表性工人无论是在地区 1 居住还是在地区 2 居住，其效用水平都是一样的，那么区域间劳动力不发生流动；如果 $U_1/U_2 > 1$ 时，地区 1 的效应水平要高于地区 2，那么区域 2 的劳动力有动机迁移至区域 1；同理，当 $U_1/U_2 < 1$ 时，劳动力有动机迁移至区域 1。

3.3　劳动力区间流动对经济集聚效应的定性分析

以上分析可以表明，劳动力流动与区域间实际工资水平与运输成本大小存在密切的关系。为考察劳动力流动影响因素及其对空间经济的集聚与扩散效应，我们认为，区域间相对工资收入（或相对实际工资）差异是影响区域间劳动力要素流动的最重要因素，在这方面，哈里斯和托塔罗（Harris and Todaro，1970）的迁移模型是经典的假设。因此，本节模型假定劳动力流动完全取决于区域间实际工资差距，因此，我们对"冰山成本"的假设进行了简化，即假设运输成本为零，具体来说，令 $\tau = 1$，代入式（3.36）、式（3.27）与式（3.28）可知：

$$\frac{U_1}{U_1} = \frac{\omega_1}{\omega_2} \tag{3.37}$$

$$z_{11} = z_{12} = \left(\frac{L_1}{L_2}\right)^{1-\theta\sigma}\left(\frac{w_1}{w_2}\right)^{1-\sigma} \tag{3.38}$$

从式（3.37）可以看出，我们已将劳动力跨区域流动的决定因素由两区域间间接效应函数之比转化为区域间实际工资收入水平之比。在此基础上，我们接下来探讨劳动力跨区域流动对产业空间分布的影响。我们将式（3.38）分别代入式（3.29）与式（3.30）中，并将式（3.29）、式（3.30）左右两端分别相除，可得：

$$\frac{w_1}{w_2} = \left(\frac{\omega_1}{\omega_2}\right)^{\frac{1}{1-\sigma}}\left(\frac{L_1}{L_2}\right)^{\frac{\theta\sigma}{1-\sigma}} \tag{3.39}$$

由式（3.22）我们得知：

$$\frac{\omega_1}{\omega_2} = \frac{(1-\eta L_1^{1/2})w_1}{(1-\eta L_2^{1/2})w_2} \tag{3.40}$$

将式（3.40）代入式（3.39），可知：

$$\frac{w_1}{w_2} = \left(\frac{1-\eta L_1^{1/2}}{1-\eta L_1^{1/2}}\right)^{-\frac{1}{\sigma}}\left(\frac{L_1}{L_2}\right)^{-\theta} \tag{3.41}$$

将式（3.41）代入式（3.37），可得：

$$\frac{U_1}{U_2} = \frac{\omega_1}{\omega_2} = \frac{(1-\eta L_1^{1/2})}{(1-\eta L_2^{1/2})}\frac{w_1}{w_2} = \left(\frac{1-\eta L_1^{1/2}}{1-\eta L_2^{1/2}}\right)^{\frac{\sigma-1}{\sigma}}\left(\frac{L_1}{L_2}\right)^{-\theta} \tag{3.42}$$

由式（3.42），即 $\dfrac{U_1}{U_2} = \dfrac{\omega_1}{\omega_2} = \left(\dfrac{1 - \eta L_1^{1/2}}{1 - \eta L_2^{1/2}}\right)^{\frac{\sigma-1}{\sigma}} \left(\dfrac{L_1}{L_2}\right)^{-\theta}$，我们可以得

知，假定 $f = L_1 / \mu (L_1 + L_2 = \mu)$ 时，那么 $\dfrac{\mathrm{d}(\omega_1/\omega_2)}{\mathrm{d}f}$ 的符号为不确定，

其取决于 θ、σ 等参数的取值。只要给定初始的城市劳动力总人数 μ，并确定 θ、σ 等参数，我们就可以模拟经济运行结果。因此接下来我们将借助计算机数值模拟，讨论劳动力流动对经济集聚与扩散及地区差距的影响机制。

3.4　数　值　模　拟

本部分我们将运用 Matlab 软件分三种情形对式（3.41）进行数值模拟，即分别从劳动力流动对企业生产存在正负外部效应、劳动力拥挤成本效应及二者交互作用等角度分析劳动力跨区域流动对产业集聚的影响。数值模拟的程序如下：首先，对有关变量与参数赋值，每赋一组值，就可利用 Matlab 程序求出一个 ω_1/ω_2 的值，如此不断赋值和求解来判断经济均衡的稳定性，其中判定经济均衡的稳定性的条件是：（1）内点解。如果 $f \in (0, 1)$ 时，当 $\omega_1/\omega_2 = 1$ 时，即两区域工人的实际收入相等（即两区域工人享受相同的水平效用）时，工人没有动机从一个区域迁移至另一个区域，则经济将处于稳定的长期均衡状态；（2）核心边缘解。如果 $f = 0$ 时，即所有工人集聚在区域 2，并且区域 2 实际收入仍高于区域 1（即区域 2 效用水平高于区域 1）时，则区域 2 工人没有动机迁移出区域 2，此时，两地区实际收入仍存在差异，经济也处于非对称的稳定均衡状态；同理，如果 $f = 1$，当 $U_1/U_2 > 1$ 时，经济同样处于非对称的稳定均衡状态。

3.4.1 企业生产外部效应的影响

在模型中我们分析了劳动力流动对企业生产存在的各种外部性效应以及劳动力拥挤成本对区域收入差距的影响。下面我们首先考察劳动力流动对企业生产的总外部性效应。假定经济体城市总人口数、需求价格弹性、拥挤成本系数不变（$\mu = 0.3$、$\sigma = 2.5$、$\eta = 0.2$），而劳动力流动对企业生产的外部性效应系数 θ 的取值发生变化，θ 取值为负且越小表明劳动力流动对企业生产的正向外部效应越强，θ 取值为正且越大表明劳动力流动对企业生产的负向外部效应越大，因此，我们从负到正、从小到大不断调整 θ 的取值，即在劳动力市场规模不断扩大过程中，考察劳动力流动对产业集聚与区域实际工资差距的影响。图 3.2 是 $\theta = -0.15$、$\theta = -0.05$、$\theta = 0.05$、$\theta = 0.15$ 四种情形下的经济运行结果。

数值模拟结果显示，当 $\theta = -0.15$ 时，即劳动力流动对企业生产存在正向外部性且较大时，经济存在三个均衡，$f = 0$ 时 $\omega_1/\omega_2 < 1$；$f = 0.5$ 时，$\omega_1/\omega_2 = 1$；$f = 1$ 时，$\omega_1/\omega_2 > 1$。其中分散均衡（$f = 0.5$）是不稳定的，经济的完全集聚是经济稳定均衡，且区域间实际工资差距也在不断扩大。当 $\theta = -0.05$ 时，经济中同样存在三个均衡，并且分散均衡也不稳定，只有完全集聚是稳定均衡，但与 $\theta = -0.15$ 的情形相比，$f = 0$ 时 ω_1/ω_2 值更高，而 $f = 1$ 时 ω_1/ω_2 的值更低，说明随着劳动力市场不断扩大，劳动力流入对企业生产存在的正向外部性在不断减弱（$\theta = -0.15$ 上升至 $\theta = -0.05$），此时经济的集聚程度会有所降低，区域间实际工资差距也在缩小。当 $\theta = 0.05$ 时，即劳动力市场过度饱和，劳动力流动对企业生产渐趋显现出负外部性时，此时经济中只有一个均衡点，即 $f = 0.5$，且对称均衡是稳定的，两区域的实际工资也趋于一致（见图 3.2）。

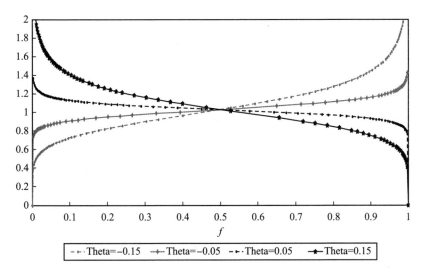

图 3.2　数值模拟结果：企业间外部效应对集聚程度的影响

此外，为了考察更为细致，我们可以调整其他参数，如 σ、τ 等的取值。模拟的结果显示外部规模经济越强，经济的集聚度越高。限于篇幅，不再报告详细结果。

3.4.2　劳动力拥挤成本的影响

除引进企业生产外部效应之外，本节与标准的新经济地理学模型的另一个主要区别在于引进了一个区域内城市内部空间结构，显然，城市内部拥挤效应是人口不断集中产生的副作用，它也是产业集聚活动的重要分散力量，拥挤成本效应系数越高越不利于经济活动的空间集聚。为了考察劳动力拥挤成本对集聚程度与区域实际工资差距的影响，我们调整参数 η 的值。而其他参数的取值仍然保持不变：$\mu = 0.3$、$\sigma = 2.5$。对于劳动力流入对企业生产存在的正外部性，我们取 $\theta = -0.05$，我们从小到大对 η 进行赋值，分别取 $\eta = 0.001$（劳动力拥挤成本几乎不存在）、$\eta = 0.2$（劳动力拥挤成本较低）、$\eta = 0.5$（劳动力拥挤成本较高）、$\eta = 0.8$（劳动力拥挤成本很高）四种情形。

数值模拟结果显示，在劳动力流动拥挤成本非常高（$\eta = 0.8$）的情形下，产业在区域的平均分布是唯一的稳定均衡，此时区域间实际工资趋于一致；在劳动力流动拥挤成本较高（$\eta = 0.5$）情形下，产业在空间的对称分布仍为唯一的稳态的均衡，但经济趋于对称均衡的速度明显减弱，区域间实际工资差距收敛速度趋于减缓；但当劳动力拥挤成本较低或几乎为零时，产业在两区域平均分布都不是稳态均衡，产业完全集聚是稳定均衡，且 $\eta = 0.001$ 时经济的集聚程度要高于 $\eta = 0.2$ 的情形，区域间实际工资差距也在不断扩大。因此，数值模拟的结果表明劳动力拥挤成本会降低经济的集聚程度且对区域间实际工资差距存在收敛的作用。具体的模拟结果如图 3.3 所示。

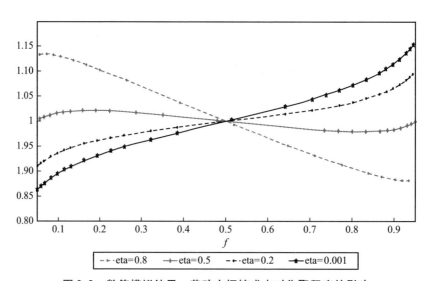

图 3.3   数值模拟结果：劳动力拥挤成本对集聚程度的影响

　　此外，为了考察更为细致，我们可以调整其他参数，如 σ、τ 等的取值。模拟的结果同样显示城市拥挤成本越低，经济的集聚程度越高。限于篇幅，不再报告详细结果。

3.4.3　企业生产的外部效应与劳动力拥挤成本的交互作用影响

　　在 3.4.1 节中，我们保持拥挤成本不变，考察劳动力流入在企业生产中产生的外部性对经济集聚程度与地区实际工资差距的影响；在 3.4.2 节中，我们保持劳动力流入所产生的外部效应不变，考察劳动力拥挤成本对产业集聚与实际收入差距的影响。然而，劳动力市场规模的大小决定其正向外部性与负向外部性力量之对比，一般来说，初始时本地劳动力市场规模还较小时，劳动力流入为本地企业生产带来必要的劳动力要素与消费市场，知识外溢、劳动力市场共享与本地市场效应等正向外部性将发挥着主要作用，此时对城市拥挤的影响几乎不存在。而只有劳动力流入规模在不断扩大时，劳动力流入所产生的城市拥挤效应等负外部性才日趋显现，当劳动力流入规模超过城市承载能力时，劳动力流入所产生的城市拥挤效应等负外部性将占主导，此时其带来的正、负外部性力量将发生根本逆转。出于以上考虑，我们同时调整 θ 和 η 的参数值，动态考察劳动力流入规模不断扩大过程中外部正效应与负效应此消彼长的关系。因此，我们仍保持其他参数取值不变，即 $\sigma = 2.5$、$\mu = 0.3$。分别考察 $\theta = -0.15$、$\eta = 0.001$；$\theta = -0.05$、$\eta = 0.2$；$\theta = 0.05$、$\eta = 0.5$；$\theta = 0.15$、$\eta = 0.8$ 四组情形。具体模拟结果如图 3.4 所示。

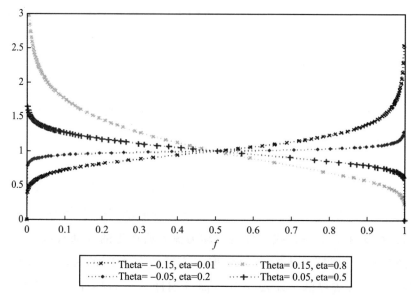

图 3.4 企业生产外部效应与拥挤效应交互作用四种情形

数值模拟结果显示，在劳动力流入的初期，几乎不存在城市拥挤效应（η 的值非常小 $\eta = 0.001$），且劳动力流入对企业生产产生的正向外部性较大（$\theta = -0.15$）时，产业完全集聚是稳态均衡，两区域的实际工资差距趋于扩散。随着劳动力不断流入，城市拥挤效应开始显现（$\eta = 0.2$），且对企业生产的正向外部性在减弱，虽然此时产业完全集聚仍是稳态均衡，但产业集聚与区域实际工资差距扩散的速度已渐趋放缓。当劳动力流入规模已超越城市实际承载能力时，此时城市拥挤效应较为严重（$\eta = 0.5$），且生产中各种负外部性诸如竞争效应、要素拥挤等负经济效应不断涌现（$\theta = 0.05$）时，产业在区域间对称分布是稳态均衡，两区域实际工资差距也趋于收敛。当城市拥挤越严重（$\eta = 0.8$），企业生产负外部性越大（$\theta = 0.15$）时，产业趋于分散和区域工资差距收敛的速度也越快。

总的来说，劳动力的流动性与经济活动的集聚有着不可分割的联系，劳动力流动与集聚存在一种的互动的关系。模型的结论表明，劳动力区间的流动对集聚的影响主要是通过"金融"外部性、劳动力市场共享、知识外溢等集聚力量与竞争效应、城市拥挤成本分散力量之间作用的结果。在一个两区域、两部门经济体中，一个小的经济波动引起了地区收入差距的不平衡，从而引发劳动力的流动。由于存在马歇尔外部效应，劳动力的流动又引起循环累积效应，导致较大规模的集聚。当集聚达一定程度后，随着城市的总人口规模的增加，城市内部的拥挤效应等分散力显著增强，又将降低集聚程度。

3.5　小　　结

经济活动一旦在某区域开始集聚，集聚地区的商品及劳动力市场竞争力将会不断增强，产品种类不断丰富、劳动力需求不断扩大、生产要素价格不断攀升，并产生循环累积关系，形成"本地市场效应"（Krugman，1991a），从而进一步刺激外围地区的劳动力不断迁入。伴随产业集聚的进程，该区域城市人口数量不断增加，形成了对差异化产品的更大需求，吸引了更多的厂商搬迁至该区域，这将有利于发挥"金融外部性"与马歇尔外部性等巨大空间外部效应，从而推动经济不断发展，这是劳动力流入对产业集聚与经济增长有利的方面。同时，大量外来人口涌入城市也存在阻滞效应，如出现交通成本上升、环境污染、交通拥挤、住房紧张、土地租金上涨等"城市蔓延"现象，这些因素都不利于城市蔓延集聚效应的发挥，经济效率也最终将受到损失。

本章在建立的产业集聚空间均衡模型的基础上，通过考察劳动力流动对企业生产带来的各种外部效应、负经济效应与拥挤成本等因素，分析劳动力流动对产业集聚及地区差距的影响机制。通过模型的函数解析与数值模拟分析，本章得出以下基本结论。

第一，劳动力流动引致的前后向联系与循环累积效应、知识溢出等效应对于产业集聚具有明显正向促进效应，然而，劳动力流动对产业集聚的影响机制不是单一线性的，它对产业集聚的作用受当地市场规模、城市容纳能力等因素的影响，当本地产品市场需求较大、城市基础设施及公共服务能保证生产经济效率不出现下降时，劳动力流入对产业集聚具有正向强化作用。

第二，模型数值模拟的结果很好地验证了劳动力拥挤成本会降低产业集聚的程度。虽然劳动力拥挤成本的作用比较微妙，它似乎不对产业集聚直接产生影响。在我们所假设的两区域对称模型中，劳动力拥挤成本只是降低了本地工人的实际工资水平，进而显著影响两区域劳动力相对规模。但我们通过数值模拟发现，劳动力拥挤成本对产业集聚水平具有明显的负作用。设想如果不存在劳动力拥挤成本，那么全部人口将可能涌进同一区域，或者出现人口规模迅速集中，我们的模型将可能坍塌，因此将城市拥挤成本作为"非黑洞条件"引入模型非常必要。

第三，劳动力流动对产业集聚的作用是其引致的集聚向心力与离心力两种相反力量达到平衡的结果。模型结论表明，在劳动力拥挤成本不是非常高的前提下，劳动力流动引致的前后向联系、劳动力市场共享与知识外溢等集聚向心力将占主导，此时劳动力流动与产业集聚存在一种正反馈的内在关系。随着产业集聚的过程不断推进，区域内企业数量空间增加，生产能力快速增长，企业对生产要素的需求进一步增大，由于劳动力、土地等生产要素供给弹性较小，因此，区域内劳动力、土地等生产要素成本将不断上升，当生产要素成本的增加超过劳动力要素引致产业集聚效应时，劳动力要素拥挤效应将占主导，此时劳动力流入对企业生产总体呈现负外部性作用。与此同时，劳动力拥挤成本急剧增加，经济效率降低，产业集聚水平出现下降。

第四，即使地区间运输成本为零的条件下，经济的集聚也有可能发生。如果劳动力等资源要素能完全按照市场需求实现自由配置，市场规模效应、劳动力市场共享与知识外溢等马歇尔外部性效应对经济集聚的正向作用将大大增强。只要这些外部性效应足够地强，经济的集聚完全也有可能发生。因此，随着市场一体化进程不断深入、交通基础设施持续获得改善与科技的不断进步，区域间运输成本将不断下降，在区域间运输成本的下降到很小，甚至可以忽略的情形下，经济也不一定趋于扩散。

本部分模型以新经济地理学理论模型为基础，从劳动力流动对产业空间集聚的正、反两方面效应出发，分析了产业集聚和地区收入差距形成的微观机制。本章模型结论表明，劳动力区间流动对经济集聚的影响主要是通过"金融"外部性与其他外部规模经济效应等集聚力量与城市拥挤成本分散力量之间作用的结果。本模型中使用了企业生产效应参数，该参数考察了劳动力区间流动对企业生产存在各种正向外部性与负外部性的影响，同时我们在模型框架中引入城市内部空间结构，分析了劳动力拥挤成本对经济效率与区域实际工资差距的影响。因此，新的模型更加接近现实。然而，此模型忽略了劳动力异质性与劳动力流动成本对产业集聚的影响，一些基础假设仍有待改进，诸如冰山成本、企业生产外部效应与劳动力拥挤成本等参数的假设过于简单，因此，对以上模型的缺陷进行改进与扩展将是本书未来研究方向。

第4章 中国制造业空间分布变迁：数据描述

4.1 引　言

　　产业集聚现象在世界范围内大量存在，不仅发达国家有，如美国存在着显著的制造业集聚现象（Krugman，1991a；Ellision and Glaeser，1997），而且发展中国家也普遍存在着这种现象。从南北半球差异、国家间差异以及国家内部各地区之间的差异性来看，经济活动和人口的空间分布都是不平衡的。中国作为发展中大国，其内部经济空间发展不平衡问题尤为突出。回溯历史，宋代时期（公元960~1279年），中国的经济重心就已经由北向南移，宋朝时的对外贸易非常发达，东南沿海地区远比内地繁荣和富庶。即使在实施闭关锁国政策的明、清时期，这种趋势依然未发生变化。晚清时期，由于国门被西方坚船利炮被迫打开以及洋务运动的兴起，外商投资和民族工业不断发展，东南沿海更是集聚了中国近现代工业中的绝大部分（黄玖立、李坤望，2006）。

　　中华人民共和国成立后，1949~1978年，中国总体上实行的是计划经济体制。计划经济体制时期，基于国防安全的考虑和重工业发展战略的需要，在地区产业均衡布局原则的指导下，国家的投资向内地倾斜，在内地建立了一批在国民经济中占重要地位的工业基地，从而在一定程度上促进了内地的经济发展，同时也使得新中国成立初期极不均衡的产业布局得到了相当程度的矫正。但是，由于在战略的实施过程中强调各地区工业自成体系，地区之间产业结构趋同的特征明显。从地区产业布局的变化上看，内地工业虽然有一定发展，但规模有限，始终没能成为全国的制造业中心。同时，虽然沿海地区经济技术条件较好，资源配置效益较高，但由于国家投资较少，因而生产潜能未能充分发挥出来。因此，这种以行政命令取代市场价格信号的资源配置行为，严重违背了基本的经济原则，从而限制了规模经济和潜在的"溢出效应"（spillover effects）的发挥，由此导致了改革以前制造业总体上的低效率（刘修岩，2009）。

1978 年改革开放以后，国家的发展战略作了重大调整，由原先封闭的内向型发展战略转向开放的外向型发展战略。由于新型发展战略是基于经济发展的高效率提出的，其更加关注区域的地理优势的发挥、对国际资源和市场的利用，因而东部沿海地区自然成了对外开放的"桥头堡"。在这样的背景下，大量的外资、充足的廉价劳动力、中央政府给予的一系列政策倾斜、庞大的国内市场和较易进入国际市场的结合促进了沿海劳动密集型产业的迅速发展。尤其是加入世贸组织和融入全球化步伐的加快，东部沿海地区发展成为兼有资本技术密集型、劳动密集型等全方位、立体式产业格局。然而，深处腹地的中西部地区，在向市场经济转型的过程中，适应市场的能力较弱，企业竞争力不强。同时，由于存在极大的运输成本等经济地理因素的不利影响，中西部地区的制造业发展缓慢。基于上述背景，我们拟从地区与行业两个角度描述制造业的空间分布变化。

需要说明的是，根据自然条件、资源禀赋结构以及经济发展水平，本章将中国大陆地区划分为八个区域，即东北地区、北部沿海地区、东部沿海地区、南部沿海地区、黄河中游地区、长江中游地区、西南地区和西北地区。[①]

4.2 中国制造业空间分布的描述

4.2.1 指标的说明

1. 地区专业化指数

克鲁格曼（1991）在《地理与贸易》一书中首先提出地区专业化指数（regional specialization index）的概念，他用该指数来测算美

---

① 八大经济区域具体包括：a. 东北地区。辽宁、吉林、黑龙江三省。在计划经济时代受苏联工业化影响，其产业结构有严重的重工业化倾向，改革初期其城市化水平比其他省份高。b. 北部沿海地区。北京、天津、河北、山东。该地区地理位置优越，交通便捷，能源矿产资源丰富，经济技术配套条件好，开发程度高，经济结构比较完整，科技教育文化事业发达，在对外开放中成绩显著。c. 东部沿海地区。上海、江苏、浙江。这一地区现代化起步早，历史上对外经济联系密切，自然条件优越、海陆空综合运输网络发达，生产技术水平和经营管理水平较高，人力资源丰富，发展优势明显。d. 南部沿海地区。福建、广东、海南。该地区自然条件优越，毗邻我国港、澳、台地区和东南亚，海外资源丰富，在改革开放的许多领域都先行一步，经济基础雄厚，发展优势明显。e. 黄河中游地区。陕西、山西、河南、内蒙古。该地区自然资源尤其是煤炭和天然气资源丰富，地处内陆，战略位置重要，对外开放不足，结构调整任务艰巨。f. 长江中游地区。湖北、湖南、江西、安徽。该地区农业生产条件优良，人口稠密，为全国的农业生产中心。g. 西南地区。云南、贵州、四川、重庆、广西、西藏。该地区虽具有充足的降水量和适宜于农作物生产的温度，但太多的山脉导致土地坡度超过10%，可耕地面积较少，贫困人口多。h. 西北地区。甘肃、青海、宁夏、新疆。该地区自然条件恶劣，气候干燥，地势陡峭，地广人稀，市场狭小。

国的四大区域之间和欧洲内部国家之间经济结构的差异性。地区专业化指数的计算公式为：

$$k_{ij} = \sum_k \left| s_i^k - s_j^k \right| \tag{4.1}$$

其中，i，j 分别表示地区，k 为行业，E_i^k 则为区域 i 中行业 k 的从业人员数，s_i^k 为 $\dfrac{E_i^k}{\sum_k E_i^k}$。

地区专业化指数用于地区间产业结构的两两比较，反映的是两个区域之间产业结构的差异性，并且 $0 \leqslant k_{ij} \leqslant 2$，$k_{ij}$ 越接近 2，表明两地区的产业结构差异性越大。

限于篇幅，我们对地区专业化指数进行适当的修正，并将其定义为地区相对专业化指数。该指数以全国其余地区的平均水平为标准来测度某地区的专业化指数，其计算公式为：

$$k_i = \sum_k \left| s_i^k - \bar{s}_i^k \right|, \quad 其中 \ \bar{s}_i^k = \frac{\sum_{j \neq i} E_i^k}{\sum_k \sum_{j \neq i} E_i^k} \tag{4.2}$$

其中，k_i 为 i 地区的相对专业化指数；s_i^k 和 E_i^k 同上。k_i 取值范围也为 0~2，当地区 i 行业 k 的专业化程度等于全国平均水平时，取值为 0；专业化程度越高时，其指标值也越大。地区专业化指数和地区相对专业化指数两个指标分别从两个不同维度描述区域间的产业结构差异程度，二者可相得益彰。

2. 地区产业平均集中率与地区中心值

$$v_i = \frac{\sum_k v_i^k}{k}, \quad 其中 \ v_i^k = \frac{E_i^k}{\sum_i E_i^k} \tag{4.3}$$

其中，v_i 为地区产业平均集中率。i，j 分别表示地区，k 为行业，E_i^k 为 i 地区行业 k 的从业人员数。地区的产业平均集中率 v_i

取值范围为 0 ~ 1，它衡量某地区各个行业在全国的平均占有率，反映了该地区中各产业处于全国平均竞争力水平。该指数取值越大，表明该地区的制造产业在全国的平均占有率越高，制造产业越发达。

地区中心值又在式（4.3）基础上考虑了空间距离因素，即结合了产业集中率的平均水平和空间距离两者因素综合考察了一地区产业集聚状况，更客观地描述了产业的空间分布情况和地区市场规模大小（范剑勇，2004b），具体计算公式为：

$$c_i = \frac{1}{n}\left[\sum_j \frac{\sum_k v_j^k}{d_{ij}} + \frac{\sum_k v_i^k}{d_{ii}} \right] \qquad (4.4)$$

其中，c_i 表示地区 i 产业中心值。n 为地区总数，v_j^k 表示第 j 地区 k 行业的从业人员数量占全国从业人员数量的比例。d_{ij} 为 i 地区与 j 地区的中心城市之间的距离。d_{ii} 则为 i 地区内部距离，其计算公式为 $\frac{\sqrt{S/\pi}}{3}$（S 为地区面积）（Brulhart，2006）。

3. E – G 指数与市场集中率

E – G 指数是由艾利森和格雷瑟（Ellison and Glaeser，1999）提出的一种衡量产业集聚程度的指标。其原理大致为：产业集聚是企业追求利润最大化区位选择的结果。区域的自然优势和企业集聚的外部性两种集聚力共同造成了企业的集聚，进而形成产业在区域内的集聚。

假设某经济体中产业 k 内有 N 个企业，且该经济体中有 M 个区域，此 N 个企业分布于 M 个区域之中，根据艾利森和格雷瑟（Ellison and Glaeser，1999）推导的 E – G 指数的计算公式为：

$$\gamma_{EG} = \frac{G - \left(1 - \sum_{i=1}^{M} s_i^2\right)H}{\left(1 - \sum_{i=1}^{M} s_i^2\right)(1 - H)} \quad \text{其中 } G = \sum_{i=1}^{M} (s_i^k - s_i)^2; \quad H = \sum_{j=1}^{N} Z_j^2$$

$$(4.5)$$

其中，γ_{EG} 为 k 产业 E - G 指数；s_i^k 是 i 地区 k 产业的从业人数占该产业总从业人数的比重；s_i 是 i 地区中所有行业从业人数占经济体所有行业总从业人数的比重；G 为产业集聚指数；Z_j 为第 j 个企业从业人数占全产业所有从业人数的比重。H 是赫芬达尔指数（Herfindahl index），它反映企业的规模分配情况。

E - G 指数综合利用了赫芬达尔指数对原始产业集聚指数 G 进行了矫正，可有效地避免企业规模差异对总体集聚程度的影响。

同时，为了反映产业集聚的区域性，我们还采用并计算了市场集中度 CR_n^k 指数来反映产业 k 在前 n 个地区的产业集聚情况，其公式为：

$$CR_n^k = \sum_{i=1}^{n} s_i^k \qquad (4.6)$$

其中，CR_n^k 表示产业 k 在前 n 个地区的市场集中度，s_i^k 是 i 地区 k 产业的从业人数占该产业全部从业人数的比重。

4.2.2 从地区角度看制造业的地区分布

1. 样本数据

数据的可获取性是对地区专业化问题进行实证分析的难点之一。为了使得数据能涵盖更多行业和更加准确真实，为此我们花了大量的时间进行了资料数据的收集和整理。本节采用的数据主要源于《中国统计年鉴》《中国工业经济统计年鉴》《中国工业经济统计资料》以及各省区市统计年鉴。从数据的整理结果来看，数据样本包含了 31 个省区市，行业样本为 20 个①，文中各项指标的计算主要依据职工人数数据，指标选取与现有文献基本一致，以便进行比较和考察。根据地区专业化指数与产业地理集中指数的计算公式，我们从《中国工业经济统计年鉴》和《中国统计年鉴》（1993 年、2007 年、2019 年）收集了相关的时间序列数据并进行了整理。

需要说明的是，为了统一分析，我们运用国民经济行业分类新旧类目对照表（GB/T4754 – 94、GB/T4754 – 2007 和 GB/T4754 – 2017），将 1993 年的食品加工业转换为农副产品加工业，将 1993 年的电子及通信设备制造业转换为通信设备、计算机及其他电子设备制造业。

2. 中国各省市地区的专业化指数

图 4.1 与表 4.1 是根据公式（4.1）计算出的各主要地区的专业化指数。图 4.1 显示，2019 年的地区专业化指数比 1993 年、2007 年均有了显著的提高。然而，2019 年的地区专业化指数相对 2007 年差异性没有和 1993 年差异性那么大，只是略微地整体上升。这是由于 20 世纪 90 年代市场经济初步确立时期，东部沿海地区、南部沿海地区率先成为对外开放的桥头堡，在这样的背景下，大量的外资、庞大的国内市场和较易进入的国际市场的结合促进了沿海劳动密集型产业的迅速发展。同时，深处大陆腹地的中西部地区，由于资源配置也得到了一定的优化，因而也得到了一定程度的发

---

① 本节主要研究制造业，我们选择了制造业的 20 个行业作为研究样本，而把采掘业，以及电力、煤气、水的生产和供应业排除在外，其原因是这些行业的地理分布很大程度上取决于矿产资源等自然资源的分布，而自然资源在中国的分布是极不平均的，这使得对后两类行业的区域聚集进行研究意义有限。此外，由于 2004 版的《中国工业经济统计年鉴》开始采用新的国民经济行业分类体系（GB/T4754 – 2002）对行业进行分类，而不再使用旧的国民经济行业分类体系（GB/T4754 – 94）。为了保持统计口径的一致性，我们选择 20 个主要的两位数工业行业作为研究样本，这 20 个行业的分类标准在新的国民经济体系中基本未做调整，可保证样本数据的连续性。

展。但是，不可忽视的是，在实施对外开放的过程中，为了充分发挥地方政府发展经济的积极性，中央政府对地方政府实行了全面的权力下放。这种分权化的过程在刺激了地方经济发挥积极性和创造性的同时，也促进了地方保护主义的形成和地方经济的割据，造成了地区间产业结构进一步趋同的格局。这种趋同的产业结构所导致的地区重复建设，就可能表现为较低的地区专业化水平。当然，我们单从这一图是无法判断地区专业化的提高是由于所有产业集中到少数地区还是由于各地方实现了差异的产业结构。

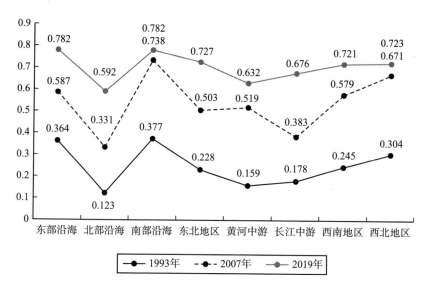

图 4.1　1993 年、2007 年、2019 年八大地区专业化指数比较

资料来源：根据表 4.1 整理得到。

在表 4.1 中，1993～2007 年，各地区的专业化水平均有不同程度的提高，其中南部沿海地区与西北地区的专业化指数处于最高，分别达到 0.738 与 0.671，而其余地区的专业化指数相对较低且相互间的差异较少。范剑勇（2008）认为，地区专业化指数相对较高

可能是由以下两种原因所导致：一是此地区制造产业结构相比于其余地区具有较大的差异性；二是此区域为中心区域，即大部分制造产业集聚于此区域，或者此区域为边缘区域，即制造业很少分布在此区域（范剑勇，2008）。对此还有一个可能的解释是，沿海地区制造业的结构与全国平均水平没有多大的差异，并且该地区聚集了中国绝大部分制造业行业，进而使得沿海地区并未呈现特别明显的专业化水平；而中西部地区的仅在某些行业上具有明显的优势，从而使其具有较高的专业化水平。因此，沿海地区低专业化水平与这一地区集聚了中国现阶段大部分制造业的判断并不矛盾。对于中国制造业的区域分布来说，沿海地区与西部地区之间的制造业分布差异正在逐步扩大，沿海地区的迅速扩张导致了制造业向沿海集中和转移，从而使西部地区的制造业分布变得更加稀疏，而东北地区、黄河中游、长江中游地区的制造业结构与全国平均水平比较起来差异不大。

表 4.1　　中国内地各地区制造业专业化水平（地区角度）

地区	各地区的制造业专业化指数比较		
	1993 年	2007 年	2019 年
东部沿海	0.364	0.587	0.782
北部沿海	0.123	0.331	0.592
南部沿海	0.377	0.738	0.782
东北三省	0.228	0.503	0.727
黄河中游	0.159	0.519	0.632
长江中游	0.178	0.383	0.676
西南地区	0.245	0.579	0.721
西北地区	0.304	0.671	0.723

资料来源：根据《第二次工业普查资料》和《中国工业经济统计年鉴》（1993 年、2007 年、2019 年）计算得到。

3. 地区间专业化水平

我们根据地区间专业化指数公式得到表4.2的计算结果。在1993年，除了东部沿海地区、南部沿海地区的平均专业化水平略微高一些之外，其余地区的专业化水平之间的差异并不显著，它们之间的专业化平均水平指数均在0.219～0.313的低水平范围内小幅波动。由此我们可以看出，在这一时期，内陆地区还受传统的计划经济思想影响的束缚，条块分割严重，重复建设和产业趋同化问题较严重，制造业集聚中市场化因素不突出。从总体时间序列上看，我国两位数行业的地区间专业化指数是逐步上升的，从1993年和2007年的0.282、0.521上升至2019年的0.635，表明改革开放40多年以来，地区间的制造业结构差异是增大的。从分段时间序列来看，1993年至金融危机的前夕的2007年时期，随着市场经济体制的不断完善、对外开放的继续深入、经济全球化的影响越来越显著，在这一时期中国各地区的产业结构差异呈现了巨大的变化，两位数行业的地区间专业化指数从1993年的0.282上升2007年到0.521。2007年以后，中国八大地区之间的制造业结构差异却未出现很大变化，两位数行业的地区间专业化指数只有略微的上升。

从地区间地区专业化水平比较来看，2019年，东部沿海地区的平均专业化水平（0.78）与南部沿海地区（0.782）的差距进一步得到缩小，几乎持平。这说明改革开放以来东部沿海地区制造产业获得了飞速发展。1993～2007年，东部沿海地区与西南、西北地区的产业结构差异呈持续扩大的趋势，这与南部沿海地区与西南、西北地区的产业结构差异如出一辙。同时，对此一个可能的解释是，这是由外部市场的巨大的需求，制造业在东部沿海和南部沿海地区不断集聚的结果所导致的。然而，2019年，各个区域间的制造产业结构较2007年未发生较大的变化。除了我国整个地区产业专业化水平获得提升外，东部沿海地区与南部沿海地区平均专业化指数相比其他地区仍然相对较高。横向对比来看，我国东部沿海地区、南部沿海地区与东北三省、黄河中游、长江中游、西南地区、西北地区的结构差异分别高达 0.654、0.775。然而，黄河中游、长江中游、西南地区、西北地区之间产业的结构差异性不大，该指数大致在 0.58 ~ 0.62 波动。因此，制造业两位数行业地区的相对专业化指数上升，主要体现为沿海地区与内陆地区的产业结构差异。

表 4.2　　1993 年、2007 年和 2019 年制造业两位数的八大地区间专业化指数比较

1993 年	东部沿海	北部沿海	南部沿海	东北三省	黄河中游	长江中游	西南地区	西北地区	平均水平
东部沿海	0.000	0.303	0.423	0.404	0.388	0.414	0.486	0.528	0.368
北部沿海	0.303	0.000	0.389	0.180	0.155	0.196	0.245	0.286	0.219
南部沿海	0.423	0.389	0.000	0.428	0.408	0.440	0.387	0.487	0.370
东北三省	0.404	0.180	0.428	0.000	0.204	0.261	0.263	0.356	0.262
黄河中游	0.388	0.155	0.408	0.204	0.000	0.182	0.200	0.243	0.223
长江中游	0.414	0.196	0.440	0.261	0.182	0.000	0.212	0.324	0.254
西南地区	0.486	0.245	0.387	0.263	0.200	0.212	0.000	0.283	0.259
西北地区	0.528	0.286	0.487	0.356	0.243	0.324	0.283	0.000	0.313
全国									0.282
2007 年	东部沿海	北部沿海	南部沿海	东北三省	黄河中游	长江中游	西南地区	西北地区	平均水平
东部沿海	0.000	0.538	0.571	0.738	0.825	0.687	0.880	0.992	0.654
北部沿海	0.538	0.000	0.798	0.351	0.331	0.299	0.445	0.567	0.416
南部沿海	0.571	0.798	0.000	0.989	0.942	0.879	0.981	1.043	0.775
东北三省	0.738	0.351	0.989	0.000	0.398	0.381	0.349	0.614	0.477
黄河中游	0.825	0.331	0.942	0.398	0.000	0.270	0.279	0.379	0.428
长江中游	0.687	0.299	0.879	0.381	0.270	0.000	0.229	0.472	0.402

续表

2007 年	东部沿海	北部沿海	南部沿海	东北三省	黄河中游	长江中游	西南地区	西北地区	平均水平
西南地区	0.880	0.445	0.981	0.349	0.279	0.229	0.000	0.496	0.457
西北地区	0.992	0.567	1.043	0.614	0.379	0.472	0.496	0.000	0.570
全国									0.521

2019 年	东部沿海	北部沿海	南部沿海	东北三省	黄河中游	长江中游	西南地区	西北地区	平均水平
东部沿海	0.000	0.579	0.726	0.746	0.875	0.748	0.924	0.993	0.699
北部沿海	0.579	0.000	0.811	0.61	0.535	0.606	0.656	0.569	0.546
南部沿海	0.726	0.811	0.000	1.015	1.165	0.927	1.024	1.142	0.851
东北三省	0.746	0.61	1.015	0.000	0.565	0.653	0.612	0.568	0.596
黄河中游	0.875	0.535	1.165	0.565	0.000	0.585	0.599	0.416	0.593
长江中游	0.748	0.606	0.927	0.653	0.585	0.000	0.609	0.545	0.584
西南地区	0.924	0.656	1.024	0.612	0.599	0.609	0.000	0.522	0.618
西北地区	0.993	0.569	1.142	0.568	0.416	0.545	0.522	0.000	0.594
全国									0.635

资料来源：根据《第二次工业普查资料》和《中国工业经济统计年鉴》（1993 年、2007 年和 2019 年）计算得到。

从 1993 年、2007 年与 2019 年地区间专业化指数的共同特点看，黄河中游与长江中游、西南、西北地区的制造业结构最为雷同。东部沿海地区、南部沿海地区与其余地区的制造业结构差异最大。同时，东部沿海地区、南部沿海地区、北部沿海地区的地区间专业化指数相对较高。综合这些因素和式（4.1），我们可以基本判断，东部沿海地区、南部沿海地区的地区间专业化水平较高是产业集聚的结果，而其余地区的地区间专业化指数近年来的上升主要是由制造业产业转移引起。当然，仅通过各个地区的专业化指数的比较还不能明确地得到上述判断，因此，我们接下来将通过其他指标来进行更为详细的验证。

4. 地区的产业平均集中率

我们借鉴了范剑勇（2004b）的方法，利用地区各行业的平均集中率指标对我国制造业的分布状况进行描述。根据公式（4.3），可以计算出各大地区的产业平均集中率（见表4.3与图4.2），其特征主要表现为以下几个方面。

表4.3　1993年、2007年、2019年各地区的产业平均集中率比较

年份	东部沿海	北部沿海	南部沿海	东北三省	黄河中游	长江中游	西南地区	西北地区
1993	0.2125	0.163	0.1313	0.1174	0.1121	0.1252	0.1051	0.0334
2007	0.2601	0.1804	0.1626	0.0784	0.0960	0.1026	0.0941	0.0258
2019	0.2473	0.1575	0.1592	0.0509	0.1127	0.1274	0.1215	0.0235

资料来源：根据《第二次工业普查资料》和《中国工业经济统计年鉴》（1993年、2007年与2019年）计算得到。

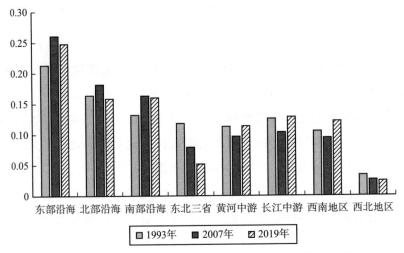

图4.2　1993年、2007年、2019年各地区的产业平均集中率比较

资料来源：根据表4.3整理得到。

首先，20 世纪 90 年代初期，我国沿海地区制造产业的平均集中率就明显高于全国其余地区。1993 年，我国沿海地区的制造产业平均集中率为 0.5068，其中东部沿海地区的制造产业平均集中率达 0.2125，为沿海地区之首；北部沿海地区次之，为 0.1630；南部沿海地区最低，其制造产业的平均集中率为 0.1313，仍高于其余地区；这表明在 90 年代初期，我国制造产业的地区空间分布呈现明显的不平衡，东部沿海、北部沿海、南部沿海地区具有明显聚集优势。

其次，1993～2007 年，此时期制造产业的地区空间集聚更加明显。具有良好工业基础和地理位置优势的沿海地区集聚了我国大部分制造产业，其平均集中率从 1993 年的 0.5068，上升到 2007 年的 0.6031，上升幅度达 19%，其中，南部地区上升幅度最大，上升幅度达 38%。其他地区的平均集中率则普遍下降，其中东北三省下降幅度最大，从 0.1174 下降至 0.0784，下降幅度达 27%。对于西南和西北地区，其制造业的平均集中率也呈明显下降的趋势。在 2007 年，西北地区的产业平均集中率均低于 0.0259，因此，这些地区的制造业分布比较少。对于黄河中游地区、长江中游地区，此时期这一地区的平均集中率略有下降，分别从 0.1121、0.1252 下降到 0.096、0.1026。因此，受国外市场准入和制造业本身的累积循环机制等因素影响，我国沿海地区业已成为中国经济中心区域。

最后，2007～2019 年，产业地区集聚程度有所趋缓。从制造业地理集中在八大地区之间的变动趋势看，沿海地区的产业平均集中率略有下降，而其余地区的制造业产业平均集中率略有上升。从变化幅度来看，沿海地区的平均集中率约下降了 7.8%，除东北地区和西北地区两地区之外，其余地区的制造业产业平均集中率则略有上升。其中，西南地区上升幅度最大，上升幅度达 29.1%。黄河中游、长江中游地区的平均集中率也分别上升了17.4%和24.2%，这些地区的平均集中率上升，可能是由于承接产业转移的结果所致。而西北地区平均集中率略有下降，2019年该地区平均集中率值约为0.0235，因此，此地区的制造业分布比较少。东北地区的产业则不断地萎缩，这也许与此地区人口外移、人口规模负增长和产业转移有关。如果从沿海地区内部产业地理集中区域比较来看，各区域制造业平均集中率之间存在明显的差异。制造业在南部沿海地区集中率增长幅度较大，其次是东部沿海地区，而北部沿海地区的增长幅度不明显。但是，从2019年各区域平均集中率的结果来看，东部沿海地区的产业平均集中率达到0.25，排在第一位，其次是南部沿海地区，2019年产业平均集中率达到0.16，已经超过北部沿海地区的平均集中率水平。

从上面分析可以看出，随着政府放权、国内市场一体化的发展和面向国际市场的逐步开放，制造产业的空间分布已发生巨大的变化，区域集聚趋势愈发明显。原先具有初步优势的沿海地区因优越的地理位置和制造业累积循环等因素，其制造产业在空间分布处于中心地位。

5. 地区制造业中心值

表4.4是根据式（4.4）计算得出的结果。透过表（4.4）可以看出，我国沿海三大经济圈，即长江三角洲（上海、江苏与浙江）、珠江三角洲（广东）和环渤海湾地区（山东、天津与北京），分别是我国制造业三大中心，成渝地区双城经济圈（四川与重庆）也正在成为中国制造"第四极"。具体说来，有以下特征值得我们关注。

表 4.4　　　　　　　　　　2019 年各省份制造业中心值

较高水平					中间水平		较低水平					
上海	26.7	北京	14.2	广东	16.2	辽宁	9.21	吉林	6.2	贵州	6.6	广西	6.5
江苏	20.6	天津	12.1	河南	13.7	山西	10.3	黑龙江	5.4	云南	5.8	宁夏	5.9
浙江	18.6	山东	17.3	安徽	13.9	福建	9.8	内蒙古	5.7	海南	5.5	甘肃	5.3
		河北	12.4	四川	14.1	湖北	11.3	陕西	8.5	西藏	1.9	青海	5.2
				重庆	15.2	湖南	9.14					新疆	3.1
						江西	9.9						

资料来源：根据《中国工业经济统计年鉴》（2019）计算得到。

其一，对各地区制造业中心值的比较可以看出，中国业已形成了四大制造业中心，分别是以上海为龙头、以浙江、江苏为腹地的长江三角洲地区、广东省内的珠江三角洲地区以及成渝地区双城经济圈。

其二，相对全国整个地区而言，黄河中游、长江中游地区的大部分省份的制造业中心值处于中间水平，2019 年基本在 9.2 ~ 11.3 的小幅范围波动。这与地区的产业平均集中率是相对应的。

其三，西北地区远离中国的市场中心，其制造业中心值明显低于全国其余地区。其中，西藏、新疆、青海、甘肃、海南、云南、宁夏等地区，制造业中心值最低的均在 6 以下。这表明我国西北部偏远地区已经成为制造业分布极其稀少的外围地区。

各个省市自治区市场规模的大小以及其制造业产业竞争力的强弱可以通过制造业中心值的大小来衡量。经过 40 多年的改革开放和融入全球化经济，我国沿海地区制造业繁荣与东北地区制造业萎缩形成了鲜明的对比，其制造业规模和竞争力不断提升，另外，西北地区仍是制造业产业分布的外围地区。随着市场化改革和对外开放的不断深入，我国制造业空间分布在不断调整和转移，其中我国西南地区制造业由于劳动力成本低的优势，其制造产业得到迅速发展，成渝经济圈已成为我国制造产业重要集聚地之一。从国际经验看，美国制造产业集聚发展历史也是从其东北部、大西洋中部沿海等地区开始，然后延伸至五大湖为中心的中西部地区。这种产业集聚地区的变化轨迹与其人口迁移、交通网络建设和市场一体化迅速展开密不可分。与中国比较类似的情形还有，墨西哥在实行开放后也以墨西哥城为中心的制造业集聚向以美墨边境、墨西哥城为双中心的制造业集聚转变（范剑勇，2008）。

4.2.3   从行业的角度看制造业的地区分布

1. 样本数据和计算说明

2017 年版《国民经济行业分类和代码》将经济活动划分为门类、大类、中类和小类四级。门类采用英文字母编码，大、中、小类采用阿拉伯数字编码。与本章上节一致，本节的研究对象为 C 门类 20 个两个两位数代码的制造业。本章对制造产业相关统计数据，也均来自历年《中国统计年鉴》《中国工业经济统计年鉴》《中国工业经济统计资料》及某些年份的各省级地区统计年鉴。统计对象为中国大陆各省、自治区、市。本节选取了 1993 年、2007 年和 2019 年几个代表性的年份作为研究对象。我们以从业人数多少作为衡量企业经济规模的指标值①，同时采用 E－G 指数与绝对集中度指数衡量产业集聚程度。

需要说明的是，为了求出 E－G 指数，必须先计算出赫芬达尔

---

① 考虑到我国大量"隐性失业"的存在，各企业就业量也许不能完全真实准确地反映企业的经济规模，但不妨碍对产业经济规模的衡量。

指数值（H）。艾利森和格雷瑟（1999）在确定 H 指数时，是根据
政府公布的制造业人口普查数据按一定的人数标准对企业规模进行
分类，然后使用施马兰茨（Schmalensee，1977）推荐的处理办法计
算市场占有率的平方和。由于我们目前无法获得有关企业经济规模
的详细统计数据，因此在计算 H 指数值时，无法继续沿用艾利森和
格雷瑟（1999）的办法对赫芬达尔指数（H）进行测算。我们只有
借鉴罗勇和曹丽莉（2005）的方法，采用《中国工业经济统计年
鉴》等资料数据，根据行业从业人员平均人数和企业单位数量等指
标值对赫芬达尔指数（H）进行估算。

2. 行业的产业集中指数与市场集中率

根据式（4.5），即艾利森和格雷瑟（1999）产业地理集中指数
的计算公式，我们对 1993 年、2007 年、2019 年中国 20 个制造业行
业的集聚程度进行了测算，见表4.5。

表 4.5　中国 20 个制造行业的 E－G 指数（1993 年、2007 年、2019 年）

行业及代码	1993 年	2007 年	2019 年	1993 ~ 2007 年 变动幅度	2007 ~ 2019 年 变动幅度
食品加工业 C13	—	0.0098	0.0563	—	4.77
食品制造业 C14	0.0076	0.0042	0.0231	－ 0.45	4.55
饮料制造业 C15	0.0109	0.0095	0.0260	－ 0.13	1.75
烟草加工业 C16	0.0294	0.0312	0.0686	0.06	1.20
纺织业 C17	0.0069	0.0087	0.0229	0.27	1.63
造纸及纸品制造业 C22	0.0047	0.0048	0.0340	0.02	6.12
石油及炼焦加工业 C25	0.0147	0.0240	0.0918	0.63	2.82
化学原料及化学制品 C26	0.0021	0.0021	0.0135	0.00	5.58
医药制造业 C27	0.0024	0.0034	0.0180	0.45	4.27

续表

行业及代码	1993 年	2007 年	2019 年	1993 ~ 2007 年变动幅度	2007 ~ 2019 年变动幅度
化学纤维制造业 C28	0.0296	0.0163	0.0506	− 0.45	2.11
非金属矿物制品业 C31	0.0038	0.0026	0.0140	− 0.33	4.47
黑色金属冶炼及压延加工业 C32	0.0223	0.0196	0.0408	− 0.12	1.08
有色金属冶炼及压延加工业 C33	0.0284	0.0260	0.0261	− 0.09	0.01
金属制品业 C34	0.0014	0.0020	0.0251	0.37	11.84
普通机械制造业 C35	0.0012	0.0028	0.0188	1.31	5.61
专用设备制造业 C36	—	0.0031	0.0036	—	0.19
交通运输设备制造业 C37	0.0060	0.0073	0.0173	0.22	1.36
电气机械及器材 C39	0.0043	0.0058	0.0524	0.37	7.96
电子及通信设备 C40	0.0151	0.0387	0.1018	1.57	1.63
仪器仪表及办公机械 C41	0.0064	0.0101	0.0610	0.57	5.03

资料来源：根据《第二次工业普查资料》和《中国工业经济统计年鉴》（1993 年、2007 年与 2019 年）计算得到。

表 4.5 的结果表明，中国地区的制造业在地理分布上已发生了显著的变化，许多行业变得更区域化了。我们将 1993 ~ 2019 年这一时期分为两个阶段。

1993 ~ 2007 年，20 个制造业中的 12 个在地理分布上变得更为集中。这 12 个行业的 E - G 指数平均上升了 48.7%。其中最为突出的是电子及通信设备制造业（C40），其 E - G 指数上升了 157%。然而，也有 5 个行业的 E - G 指数出现了下降，它们是饮料制造业、食品制造业、非金属矿物制品业、黑色金属冶炼及压延加工业、有色金属冶炼及压延制造业。由此可以看出，在这一时期，电子通信设备、仪器仪表及办公用品机械、机械制造等产业集聚比较明显，这些产业多为资本密集的产业，或为知识技术密集型企业。而行业产业集中指数出现下降的普遍为资源密集型产业和与人们生活休戚相关的轻工产业。

2007～2019年，所有制造业行业的集聚都出现了不同程度的上升。上升幅度最猛烈的有金属制品业、电气机械及器材制造业、普通机械制造业、化学原料及化学制品制造业等资本与技术密集型产业。另外，食品加工业、食品制造业、非金属矿物制品业等行业在此时期也获得了快速的集聚。这说明此时期中国多数地区专业化水平都有所提升。2001年中国加入世贸组织以后，中国对外开放程度的不断提高，且已深入融入全球化经济浪潮之中，与此同时，中国国内市场一体化进程也在加快。此时期的中国制造产业的变动方向和发展趋势主要呈现为集聚化和专业化的特征，规模效应、外部性、外商投资和产业关联等因素是其发生集聚的主要推动力量。

前面我们从制造业集中指数指标来判断，制造业的地理集中程度在提升，产业集聚和地区专业化呈提升态势。为了更清楚地看清制造业的空间分布变化，我们还借用产业组织学的市场集中度CR指标的计算方法，即式（4-6）。我们统计了1993年、2007年、2019年二位数制造业行业的CR指标（见表4.6）。

表4.6　1993年、2007年、2019年制造业各行业前五位省份市场份额

单位：%

行业及代码	1993年	2007年	2019年
全国平均水平	42.76	42.68	55.29
食品加工业 C13		41.06	52.13
食品制造业 C14	37.84	35.23	47.39
饮料制造业 C15	39.01	36.49	41.38
烟草加工业 C16	44.01	43.43	45.78
纺织业 C17	47.22	48.50	69.37
造纸及纸品制造业 C22	34.79	35.16	58.87

续表

行业及代码	1993 年	2007 年	2019 年
石油加工及炼焦加工业 C25	48.60	47.67	53.61
化学原料及化学制品制造业 C26	36.88	39.84	45.10
医药制造业 C27	35.60	36.06	38.93
化学纤维制造业 C28	52.16	52.99	66.53
非金属矿物制品业 C31	39.89	37.56	46.46
黑色金属冶炼及压延加工业 C32	48.57	46.08	47.26
有色金属冶炼及压延加工业 C33	43.23	40.07	37.43
金属制品业 C34	40.23	39.67	71.25
通用设备制造业 C35	40.25	42.76	60.84
专用设备制造业 C36		40.54	53.01
交通运输设备制造业 C37	38.27	39.26	44.11
电气机械及器材制造业 C39	46.14	47.08	70.36
电子及通信设备制造业 C40	50.18	56.91	80.72
仪器仪表及办公用机械制造业 C41	46.79	45.60	72.11

资料来源：根据《第二次工业普查资料》和《中国工业经济统计年鉴》（1993 年、2007 年）计算得到。

从表 4.6 中我们可以明显看出，制造业中各行业前五位省份的市场份额之和 CR_5 指数值在 1993 年与 2019 年期间有明显的提高，从 42.76% 提高到 55.29%。在 1993 年，CR_5 较高的行业往往是资本密集型行业，如化学纤维制造业、电子及通信设备制造业、黑色金属冶炼及压延加工业、石油加工及炼焦加工业等，CR_5 值都在 48.57% 以上。在 26 年间，这一情况有所变化，CR_5 值较高的行业不仅包括资本密集型行业，而且诸如纺织、造纸等劳动密集型产业的 CR_5 值也在 50% 以上。改革开放以来，对外出口一直是我国经济增长的重要"引擎"，一些出口型的、劳动密集型行业的集中在显著上升。

仔细对比表 4.5 与表 4.6，我们可以发现，E - G 指数值与 CR_5

值变化趋势基本吻合。在我们所研究的时间跨度中（1993～2019
年），绝大部分制造产业的集中指数值都呈上升趋势，这与表 4.6
中制造业中各行业前五位省份的市场份额之和 CR5 指标值的变化是
基本一致的。

因此，结合表 4.5 与表 4.6，我们可以对制造业各行业的空间
变化做进一步分析。

第一，不同类型的密集型制造业集聚程度不同。根据艾利森和
格雷瑟（1999）的分类，我们把 $\gamma_{EG} < 0.02$、$0.02 \leqslant \gamma_{EG} < 0.05$ 和
$0.05 \leqslant \gamma_{EG}$ 的行业分别定义为低度、中度和高度集聚行业。依据此标
准，我们对 2007 年中国 20 个主要制造业行业的集聚程度进一步进
行了分类排序，见表 4.7。

表 4.7　　中国 20 个制造行业集聚程度分类排序表（2019 年）

γ_{EG}	行业及代码	地理集中指数
$\gamma_{EG} < 0.02$	专用设备制造业 C36	0.0036
	化学原料及化学制品制造业 C26	0.0135
	非金属矿物制品业 C31	0.0140
	交通运输设备制造业 C37	0.0173
	医药制造业 C27	0.0180
	普通机械制造业 C35	0.0188
$0.02 \leqslant \gamma_{EG} < 0.05$	纺织业 C17	0.0229
	食品制造业 C14	0.0231
	金属制品业 C34	0.0251
	饮料制造业 C15	0.0260
	有色金属冶炼及压延加工业 C33	0.0261
	造纸及纸品制造业 C22	0.0340
	黑色金属冶炼及压延加工业 C32	0.0408

γ_{EG}	行业及代码	地理集中指数
$0.05 \leq \gamma_{EG}$	化学纤维制造业 C28	0.0506
	电气机械及器材制造业 C39	0.0524
	食品加工业 C13	0.0563
	仪器仪表及办公用机械制造业 C41	0.0610
	烟草加工业 C16	0.0686
	石油加工及炼焦加工业 C25	0.0918
	电子及通信设备制造业 C40	0.1018

资料来源：根据《中国工业经济统计年鉴》（2019）计算得到。

　　表4.7的结果表明，在2019年，20个制造行业的 E－G 指数值中有6个行业低于0.02，7个行业介于0.02～0.05之间，7个行业高于0.05。我们如果从制造业行业性质上看，那么集聚程度由低到高大致是以资本密集型、部分劳动密集型、资源密集型行业以及知识技术密集型行业顺序排序的。

　　首先，集聚程度最高的属知识技术密集型行业。通信设备、其他电子设备与计算机制造业的集聚性强，其产业集中指数值和产业集中率远高于其他制造产业。这种情况的出现一方面是由于当代通信技术的革命使然，另一方面是起因于海外市场的需求的增加，随着中国加入世贸组织，国外市场需求急剧扩大，这种高需求引致了产品生产供给的扩大，由于毗邻港口，沿海地区存在节约运输成本的优势，加上规模报酬递增和累积循环效应等因素，东部沿海地区电子设备生产供应链不断增强，不仅能满足内地市场需求，并且业已形成了专司出口的专业化的世界生产工厂。另外，仪器仪表及办公用机械制造业、电气机械及器材制造业的产业集聚程度也普遍偏高。以上三类属于典型的高度集聚行业，它们同属于知识技术密集型行业，具有明显的专业化要求，需要良好的人力资本要求、基础设施和资金条件以及广阔的市场需求。

其次，中高度集聚行业主要是资源密集型行业、出口型行业以及劳动密集型的行业。资源密集型行业是需要对特定资源进行开采和加工才能进行生产的产业，它主要取决于地区资源的禀赋，并且受地区自然资源的约束。因此诸如黑色金属冶炼及压延加工业、石油加工及炼焦加工业等产业的集聚一般在具有资源禀赋的地区形成。而出口型的、劳动密集型的制造业大多符合中国资源特点和国外市场准入，这些行业的 E－G 指数值在所有的制造业行业中也是较高的与增长幅度较大的，如食品加工业、纺织业、造纸及纸品制造业等在 2007 年已属于中高度集聚行业。因此从这一行业性质的变化可以发现，产业集聚是与市场化改革、开放取向有密切联系的。

最后，集聚程度比较低的行业主要是运输成本较高、市场分割较为严重的行业。它不仅包括技术和资本门槛都较低，市场容易被分割的部分劳动密集型行业，如食品制造业、饮料制造业、化学原料及化学制品制造业，还包括大多数资本密集型行业。比较典型的是，表 4.7 数据显示专用设备制造业的 E－G 指数值偏低，其集聚程度较低，这说明此行业空间分布比较零散，空间跨度较大，但从其生产特点和国际经验来看，它明显属于资本密集型行业，其集聚程度应当相对较高。分析其背后原因，这与各地的产业发展规划有关。纵观各地区经济社会发展五年规划中的产业发展重点任务，大多将机械设备制造业、电子信息产业、生物医药以及金属加工业等高附加值、高新技术为特征的产业作为重点优先发展的行业，这些产业获得地方政府的大力支持，并享受各种税收和补贴等优惠政策，但偏离了市场规律和行业发展特征，空间布局相对分散，各地区的生产规模普遍偏小，难以实现规模效应和集聚效应以提升产业竞争力。这种受地方政府保护的有着较高的利税率和国有成分比例的产业，市场分割严重自然使得这类行业分布相对零散，集聚程度普遍偏低。

第二，前面我们已经比较详细地分析了我国制造业集聚状况在不同行业间表现出的差异。下面从 20 个制造业行业的地域分布来看，我们分别统计了 1993 年、2019 年中国 20 个制造业行业规模最大的前五位省区市，并在此基础上，整理出 1993 年与 2019 年典型的 20 个制造业行业在五省市集中度中上榜的省市名称，具体情况见表 4.8。

表 4.8　　2019 年中国 20 个制造行业规模最大的前五位省区市

行业及代码	1993 年前五位省区市	2019 年前五位省区市
食品加工业 C13	山东、河南、辽宁、广东、四川	山东、河南、福建、广东、四川
食品制造业 C14	江苏、四川、广东、黑龙江、山东	山东、河南、广东、福建、河北
饮料制造业 C15	四川、黑龙江、浙江、辽宁、江苏	山东、四川、河南、江苏、广东
烟草加工业 C16	河南、山东、湖北、贵州、云南	云南、湖南、河南、贵州、山东
纺织业 C17	江苏、浙江、山东、上海、湖北	江苏、浙江、山东、广东、上海
造纸制造业 C22	辽宁、四川、山东、江苏、河南	广东、山东、浙江、江苏、河南
石油加工及炼焦加工业 C25	辽宁、广东、山东、黑龙江、湖北	山西、山东、辽宁、黑龙江、河北
化学原料及化学制品制造业 C26	江苏、辽宁、河南、山东、上海	山东、江苏、广东、浙江、上海
医药制造业 C27	江苏、辽宁、广东、上海、吉林	山东、江苏、浙江、河南、广东
化学纤维制造业 C28	上海、江苏、辽宁、天津、浙江	江苏、浙江、山东、辽宁、广东

续表

行业及代码	1993 年前五位省区市	2019 年前五位省区市
非金属矿物制品业 C31	江苏、辽宁、山东、浙江、四川	山东、广东、河南、江苏、福建
黑色金属冶炼及压延加工业 C32	辽宁、四川、湖北、上海、河北	河北、辽宁、江苏、山东、山西
有色金属冶炼及压延加工业 C33	甘肃、辽宁、云南、湖南、四川	广东、河南、山东、云南、江苏
金属制品业 C34	江苏、辽宁、上海、山东、广东	广东、浙江、江苏、山东、上海
通用设备制造业 C35	辽宁、江苏、上海、四川、山东	浙江、江苏、山东、辽宁、广东
专用设备制造业 C36	—	江苏、广东、山东、浙江、上海
交通运输设备制造业 C37	辽宁、湖北、四川、江苏、上海	浙江、江苏、广东、山东、重庆
电气机械及器材制造业 C39	江苏、辽宁、上海、浙江、广东	广东、浙江、江苏、山东、上海
电子及通信设备制造业 C40	江苏、上海、辽宁、北京、四川	广东、江苏、上海、浙江、山东
仪器仪表及办公机械制造业 C41	江苏、上海、辽宁、浙江、四川	广东、浙江、江苏、福建、上海

资料来源：根据《第二次工业普查资料》和《中国工业经济统计年鉴》（2019 年）计算并整理得到。

从表 4.8 的前五位省份的排名及频数看，1993 年东北三省中的辽宁省、直辖市中的上海市以及当时包含重庆在内的西南大省四川省在 2019 年分别从制造业上榜次数排名第 1、第 3 和第 4 位退出，取而代之的是沿海地区的山东、广东与浙江省。在这一制造业的空间转移过程中，范剑勇（2008）认为，辽宁与上海是两种完全不同的退出模式。辽宁省是传统的重工业生产基地，受传统体制的影响较重，整个体制转型与产业结构转型、升级都不顺利。而在上海，由于大量的外资进入和城市本身的目标定位，使得其纷纷退出许多传统的消费型、劳动密集型制造业，转向资本技术密集型、港口型产业、都市信息型产业和具有辐射效应的服务业方向发展。而四川省的退出，是由于统计口径发生了变化，即 1997 年重庆从四川省分离出来成为直辖市后地区统计单位调整所带来的影响。

另外一点值得注意的是，在 2019 年 20 个制造行业分布排行榜上，上榜的省市仅有 16 个，全国还有 15 个省市榜上无名。这些榜上无名的省份大都属于经济欠发达地区，多数分布在西北、西南、长江中游、黄河中游等"外围"地区。制造业集聚程度的提高带来了地区的经济发展，但同时也加剧了区域发展的两极分化。制造业的高度集聚在沿海地区所产生自我累积循环效应使这些地区内部形成了巨大的市场。在这一大市场中，产业的地区集聚、出口导向型的发展战略和大规模的城市群战略，使得这一区域的部分制造业无法顺利转移至中西部地区，从而形成一个空间上的新二元经济结构（范剑勇，2008）。

4.3　小　　结

本章通过一系列衡量制造业区位分布的指标，计算分析了 1993 年、2007 年、2019 年中国制造业分布的变化趋势。我们发现，在改革开放 40 多年期间，中国的制造业分布发生了巨大的变化。

从集聚的区域来看，制造产业的空间分布已发生巨大的变化，区域集聚趋势愈发明显。大量的制造业在沿海地区集聚。从集聚的行业来看，知识技术密集型行业集聚程度最高，其次是资源密集型行业与出口型的、劳动密集型的行业，最后是运输成本较高、市场分割较为严重的行业。从五省市集中度指标来看，在 2019 年 20 个制造行业分布排行榜上，全国有 15 个省市榜上无名，这些榜上无名的省份大都属于经济欠发达地区，多数分布在西北、西南、长江中游、黄河中游等地区。这充分说明了中国已经演化成为一个以沿海地区为制造业的中心的产业布局。

第5章 中国区域间劳动力流动与产业集聚的实证分析

5.1 引　言

中国的改革开放事业与经济发展一直是沿着两条主线同时展开的：一方面，中国的改革率先在农村试行，农村土地经营制度的变革使生产力得到极大的解放，大量的农村劳动力从先前低效的集体农业中解脱出来，为中国制造业发展提供了大量廉价劳动力，改革开放以来，我国人口迁移与劳动力流动进入一个新的活跃期。据2015年全国1%人口抽样调查的数据显示，2015年我国流动人口的总体规模大约有2.9亿人，其中约有1/3是跨省人口，并且这部分人口绝大部分是在省际流动的劳动力。从劳动力的区域流向来看，我国大部分劳动力主要是流向经济发达、产业集聚的沿海发达地区，为中国沿海地区的工业化创造了巨大的人口红利。另一方面，由于优越的地理位置、丰富的自然资源禀赋以及优惠的政策，改革开放后，大量的外资开始涌入东部沿海地区，特别是处于开放前沿，毗邻港、澳的具有地理优势的广东省获得了巨大的海外直接投资。由于地理位置便利以及规模经济效应、金融外部性等新经济地理共同因素作用，使得绝大部分制造业集聚在沿海地区，长三角、珠三角和京津冀地区制造业集聚优势明显，已成我国三大制造业中心。

诚然，自然资源禀赋差异、地理位置的优劣与外资投资区位的不平衡性等因素不仅影响了各地区经济发展，并且对产业空间区位集聚动态演化也有巨大影响。但是，产业集聚的形成和演化更多的是市场作用的结果。随着我国对外开放程度的加深，在市场化与全球化的背景下，沿海地区面向国际市场的区位优势得到了充分的发挥，该地区的制造业获得了迅速发展，中国大部分制造业产业都集聚在沿海地区。由于一国之内地区间的劳动力流动相对自由，这种产业的集聚必然伴随着劳动力的跨区域的流动。以克鲁格曼等为代表的新经济地理学认为，由于制造业规模收益递增的特点，一旦某个区域形成了制造业的初始优势，市场就会引发一个累积性的循环过程。为了获取更高的规模收益、追求更大的市场（尤其是中间品市场）、降低运输成本，将有更多的制造业部门向该区域集中，使其制造业优势不断强化。与此同时，劳动力也逐渐向这个区域流动，直至所有的非农业人口都集中在这个区域，最终形成一个以此区域为制造业"中心"和以其周边区域为农业生产"外围"的区域经济模式（Krugerman，1991a）。

毫无疑问，劳动力流动与产业集聚在中国存在紧密的联系。本章不对中国产业集聚机制作具体的阐述，而仅限于从地区间劳动力流动与产业集聚之间的密切关系作一简单的数据描述。

在具体分析前，我们仍将中国分为八大区域：东北地区、北部沿海地区、东部沿海地区、南部沿海地区、黄河中游地区、长江中游地区、西南地区和西北地区。同时，本章使用的数据大多来源于第三~第七次的全国人口普查数据，以及1987年、2005年、2015年1%人口抽样资料调查数据。

需要说明的是，劳动力的跨区域流动，主要分为省内跨县流动和省际流动两种，本章主要偏向于后者。

5.2　中国区域间劳动力流动的状况

5.2.1　劳动力流动发展阶段

经济活动在空间的不均衡必然导致劳动力的空间流动，只不过在不同经济体制及发展时期，劳动力空间流动的方式和规模有很大的差异。自改革开放以来，中国劳动力流动表现为四个不同阶段的特征。

第一阶段（1979~1983 年），劳动力市场初始发育期。在此时期，农村实施了以家庭联产承包责任制为主要形式的农业经营体制改革，使广大的农民从土地上解放出来，农业劳动力剩余的问题也浮出水面，在此时期，社会出现了小部分的农民外出务工的现象，农村就业人数也有小幅度的下降，从 1979 年的 69.8% 下降至 1983 年的 67.1%（彭连清，2007）。此时期，少量的农村外出务工人员主要从事于建筑、煤矿、个体户、种养业以及到小城镇打短工。但是，此时期计划经济色彩依然浓厚。

第二阶段（1984~1991 年），劳动力就地就近转移。进入 20 世纪 80 年代中后期，劳动力流动规模急剧上升，这得益于内外动力的支持。乡镇企业的异军突起，极大地促进了农村地区的经济发展，并为解决农村非农就业、实现农村剩余劳动力转移创造了良好条件。与此同时，东南沿海地区"两头在外、中间加工"的出口加工企业的迅速发展也带来了大量的劳动力需求。然而，此时期的农村劳动力向非农产业转移主要是以"离土不离乡、进厂不进城"为特征的就地就近转移。

第三阶段（1992～2008 年），劳动力流动持续快速增长，并且主要以跨区域迁移为特征。此时期，东部沿海地区的制造业集聚趋势日益明显、而中西部地区制造业不断萎缩，地区差距不断扩大，大规模的异地劳动力向东部迁移，而此时期乡镇企业吸纳就业的能力却在持续下降。

第四阶段（2009 年至今），此时期，流动人口总量呈现先增后降的变化趋势，省内流动递增，城乡人口流动依然是主要驱动力。2009～2015 年连续七年流动人口总量持续增长，由 2009 年的 2.11 亿人增长至 2015 年的 2.47 亿人。随后，流动人口规模进入数量调整期，2018 年降至 2.41 亿人。其中，跨省流动人口为 1.25 亿人，省内流动人口为 2.51 亿人，就地、就近城市化和短线迁移成为其明显特征。另外，全国人口普查数据显示，2000 年、2010 年和 2020 年城乡流动人口分别占据流动人口总量的 52.2%、63.2% 和 66.3%，表明城乡流动依然是人口流动的主要驱动力。此时期，东部沿海地区的部分制造业出现了产业转移，中部、西南地区承接了部分制造产业，产业集聚和地区专业化水平得到较大的提升。

5.2.2　总体规模

总体来说，劳动力流动的规模越来越大已成为一个不争的事实。根据我国第四至第七次人口普查数据，以及 1987 年、1995 年、2005 年和 2015 年四次 1% 人口抽样调查的资料数据显示（见表 5.1），1987 年中国人口迁移规模是 3 053 万人，1990 年增至 3 412 万人；进入 20 世纪 90 年代后，人口迁移规模在 1995 年、2000 年分别达到 5 400 万人与 1.45 亿人。在 21 世纪，2005 年、2015 年人口迁移规模分别达 1.95 亿人、2.47 亿人，第七次人口普查数据显示，2020 年流动人口规模达 3.76 亿人，流动人口占总人口的比例高达 26.64%，数据远超预期。当然，劳动力流动与人口流动是有区别的，劳动力流动人数规模要小于流动人口规模。但是，对就业型迁移流来说，人口迁移的流向基本上能反映劳动力的流向（杨云彦等，2003）。从我国历次人口普查和全国人口 1% 抽样调查的数据分析来看，经济性原因（工作调动、分配录用、务工经商）是我国跨省人口迁移流动的主要动因。一般来说，经济性原因引发的人口流动一般属于劳动力流动，并且社会性原因导致的劳动年龄人口流动也可算作是劳动力流动，因此，我们可以从我国的人口流动规模和方向基本上反映了劳动力流动的规模和方向（彭连清，2009）。

表 5.1　　　　　　　　流动人口数量的统计调查数据　　　　单位：万人

年份	总流动人口	跨省流动人口	来源
1987	3 053	632	全国人口数 1% 抽样调查
1990	3 413	1 183	第四次人口普查
1995	5 400	2 500	全国人口数 1% 抽样调查
2000	14 439	4 242	第五次人口普查
2005	19 458	4 779	全国人口数 1% 抽样调查
2010	22 100	9 433	第六次人口普查
2015	24 700	9 718	全国人口数 1% 抽样调查
2020	37 600	12 484	第七次人口普查

注：2000 年、2010 年、2020 年第五、六、七次人口普查和 2005 年、2015 年人口抽样调查的流动人口统计口径相比之前年份的更宽，规定跨乡（镇、街道）迁移 6 个月以上即为流动人口。

资料来源：《1987 年 1% 人口抽样资料》《1990 年人口普查资料》《1995 年全国 1% 人口抽样调查资料》《中国的 2000 年人口普查资料》《2005 年全国 1% 人口抽样调查资料》《中国 2010 年人口普查资料》《2015 年全国 1% 人口抽样调查资料》《中国 2020 年人口普查资料》。

从表 5.1 可知，中国跨省人口流动的规模自改革开放以来呈不断增长之势，特别是 90 年代更呈急剧上升态势，直至进入 21 世纪后才趋于平稳。2000~2020 年两个十年里，我国跨省流动人口分别增长了 5 191 万人、3 051 万人，增长趋势明显放缓。从五年期看，2000~2005 年跨省流动人口增加 3 691 万人，2006~2010 年增加 4 654 万人，2011~2015 年仅增加 285 万人，2016~2020 年增加 2 766 万人。观察总流动人口和省际流动人口规模变化可以发现，在 2010 年以前，五年期总流动人口增量略大于跨省流动人口增量，这表明大多数人都是初次流动，并且迁移且落户在流入地的数量很少。但 2010 年以后，情况发生了变化，2010~2015 年，五年人口流动人口增量比跨省流动人口增量要多 2 315 万人，这说明省内流动人数增多，同时也说明此时期跨省流动中永久性迁移数量也在增多，近年来我国户籍制度改革不断深入，在跨省流动的同时，将户籍也迁移到现住地变得越来越容易，因此跨省流动量不增加，但五年迁移量增加了。第七次全国人口普查数据也显示，流动人口家庭化的流动趋势日益显著。

5.2.3　劳动力省际流动特征

从人口迁徙流动情况看（见图 5.1），我国人口流动依然活跃，人口的集聚效应进一步显现。2020 年，人口迁出规模前五的省区有河南、安徽、四川、贵州、广西，合计占总迁出的 43.69%，迁出人口最多的河南为 1 610 万人。从跨区域劳动力的流动来看，黄河中游、长江中游、西南等内陆地区是净迁出地区。从省际人口流入的分布来看，我国省际流动人口持续向沿江、沿海地区集聚，迁入区域比较集中，人口迁入最多的五省份为广东、浙江、上海、江苏和北京，占总迁入的 60%，其中迁入人口最多的广东为 2 962 万人。总的来看，2015~2020 年期间各省迁入迁出的相对结构基本保持了稳定，变化不大，即"强者恒强"，迁移人口仍主要选择向北京、上海、江苏、浙江、广东等东部沿海经济发达地区集中，长三角、珠三角流动人口不断增加，集聚度加大。

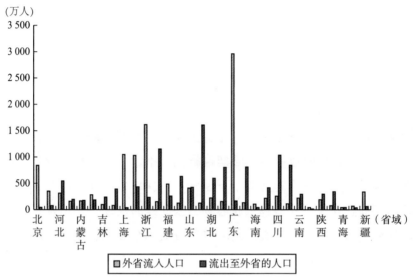

图 5.1　省际劳动力流入流出规模（2015～2020 年）

资料来源：根据《中国的 2020 年人口普查资料》中的数据整理得到。

　　从各省区外来人口的分布来看，内陆地区是我国主要人口流出地。第七次全国人口普查资料数据显示，2020 年广东省的外来人口中，高达 94.65% 的人口来自内陆地区，其中广西、湖南、河南、河北、四川和江西成为其主要来源地，六省区合计占其总迁入人口的 75.60%。上海的外来人口中，有 31.24% 的人口来自沿海地区，有 68.76% 的人口来自内陆地区，其中安徽、河南、四川、江西与湖北成为主要来源地，五省份合计占总迁入人口的 49.68%。北京的外来人口中，有 56.57% 的人口来自内陆地区，其中河南、黑龙江、山西、辽宁和安徽成为主要来源地，五省份合计为占总迁入人口的 33.76%。浙江和福建两省的外来人口中来自内陆地区的比例则最高，分别达到 91.06% 和 91.41%。

从几个主要劳务输出省的迁出人口来看，沿海发达地区吸纳了大部分跨省劳动力。第七次人口普查资料数据显示，2020 年，河南、安徽、四川、贵州、广西等省区人口流动至沿海地区的比例分别达 76.58%、89.78%、63.91%、80.77% 和 93.90%。这表明大部分跨省劳动力已流入沿海发达地区。具体来看，流入沿海地区的人口主要集中在东部沿海地区（长江三角洲）和南部沿海地区（珠江三角洲）。

从内部省际人口流动来看，首先是中西部地区跨省流动人口在区域内部流动表现不活跃。第七次人口普查资料数据显示，2020 年我国中部六省地区区域内部间的跨省流动人口占该地区跨省流动人口总量的比重仅为 6.62%。同样，西部地区区域内部的跨省人口流动的表现也不活跃，2020 年所占比重为 24.28%，只是比中部地区表现稍微活跃。其次是沿海地区跨省流动人口表现出很强的内部流动性，沿海地区跨省流动人口主要表现在区域内部流动，在地区内部流动的跨省流动人口占全部跨省流动人口的比重为 72.34%，而流向中、西部地区的人口相对较少，仅为 23.66%。

5.3　区际劳动力的区域流向

5.3.1　劳动力流入地分布及行业选择

表 5.2 表明，沿海地区的外地人口中，有很大比例的人口来自黄河中游、长江中游、西南地区等传统意义上的中西部地区，比如，

南部沿海地区中的异地人口中，有34.38%的人口来自长江中游地区、44.85%来自西南地区。但是相反的是，中西部地区的异地人口中来自东部沿海、南部沿海及北部沿海的跨省流动人口所占比重却很低，比如，长江中游与西南地区所吸纳的跨省人口中，分别仅有10.48%、8.32%的人口来自南部沿海地区。这说明了沿海地区与中西部地区的人口流动极不对称，沿海发达地区对人口流动的吸引力仍然较大，而中西部地区对流动人口的吸引力相对较弱。

表5.2　　　　　　　2020年各地区吸纳的跨省人口来源分布　　　　单位：%

所在区域	跨省的异地人口来源分布							
	东部沿海	北部沿海	南部沿海	东北地区	黄河中游	长江中游	西南地区	西北地区
东部沿海	8.92	4.93	2.81	2.71	19.40	36.50	22.74	2.00
北部沿海	5.14	28.39	2.80	17.53	25.46	8.45	8.45	3.78
南部沿海	1.65	1.58	3.21	1.75	11.55	34.38	44.85	1.02
东北地区	4.31	13.77	2.69	42.59	19.59	6.19	8.66	2.19
黄河中游	6.12	17.40	3.94	8.74	28.99	11.54	11.98	11.30
长江中游	12.46	7.35	10.48	3.28	20.10	19.85	22.60	3.87
西南地区	5.40	5.22	8.32	3.28	9.77	17.44	46.12	4.44
西北地区	4.90	7.17	1.83	2.23	29.68	8.20	17.70	28.30

资料来源：根据《2005年全国1%人口抽样调查资料》计算得到。

从中西部地区的人口流动来看，表5.2表明，2020年，东北地区、黄河中游、长江中游、西南和西北地区等内陆地区跨省流入人口主要来源本地区，以西南地区为例，高达46.12%的跨省流入人口为西南本地区人口。

正如前面的分析所指出，中国劳动力跨区域流动的总体流向是向沿海发达地区转移。根据2015年1%人口抽样调查资料和2020

年全国人口普查资料的数据显示（见表 5.3），2015 年，流向沿海地区的跨省迁移人口占全国跨省迁移人口的比重已达到 76.56%，2020 年为 73.55%，只比 2015 年略微下降，二者未有明显变化。这说明我国沿海地区仍是我国跨省劳动力流动的主要流入地。

表 5.3 2015 年、2020 年全国跨省迁移人口流向分布 单位：%

流入区域		2015 年	2020 年	流入区域		2015 年	2020 年
东部沿海	上海	9.81	8.39	南部沿海	福建	4.51	3.92
	江苏	8.95	8.26		广东	24.79	23.73
	浙江	12.07	12.97		海南	0.64	0.87
	小计	30.82	29.62		小计	29.94	28.52
北部沿海	北京	7.90	6.74	黄河中游	山西	0.75	1.30
	天津	3.87	2.83		内蒙古	1.29	1.35
	河北	1.74	2.53		河南	1.22	1.02
	山东	2.28	3.31		陕西	1.48	1.55
	小计	15.79	15.41		小计	4.74	5.22
东北地区	辽宁	1.66	2.28	长江中游	安徽	1.34	1.24
	吉林	0.53	0.80		江西	1.03	1.02
	黑龙江	0.57	0.66		湖北	1.97	1.80
	小计	2.76	3.75		湖南	1.25	1.26
西南地区	广西	1.11	1.09		小计	5.58	5.33
	重庆	1.34	1.76	西北地区	甘肃	0.55	0.61
	四川	1.97	2.07		青海	0.35	0.33
	贵州	1.11	0.92		宁夏	0.34	0.54
	云南	1.59	1.79		新疆	1.83	2.72
	西藏	0.16	0.33		小计	3.08	4.20
	小计	7.28	7.95				

资料来源：根据《2015 年 1% 人口抽样调查》《2020 年人口普查数据》与数据计算得到。

从表 5.3 及图 5.2 可以看出，东部沿海地区（长三角地区）和南部沿海地区（珠三角地区）目前仍是我国跨省流动人口迁入的首选之地。其中流入广东、上海、浙江和江苏的跨省迁移人口分别占全国跨省迁移人口的 23.73%、8.39%、12.97% 和 8.26%。东部沿海地区吸引跨省人口为最多，2015 年全国有 30.82% 的跨省迁移人口流入东部沿海地区，2020 年这一比重虽略有下降，但外来迁移人口仍占 29.62%。其次是南部沿海地区，2015 年流入南部地区的跨省迁移人口占全国跨省迁移人口的比重达 29.94%，2020 年达到 28.52%，这说明东部沿海地区、南部沿海地区对跨省迁移人口的吸引力仍保持强劲的态势。同时，北部沿海地区的跨省迁移人口占全国跨省迁移人口的比重保持相对稳定，2015 年、2020 年流入北部地区的跨省迁移人口占全国跨省迁移人口的比重分别达 15.79% 和 15.41%。因此，沿海地区对外来的跨省迁移人口的吸引力依然强劲，其中绝大多数的跨省迁移人口已迁移至沿海地区。

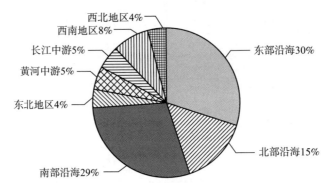

图 5.2　2020 年各地区吸纳的跨省的流动劳动力占全国的比重

资料来源：根据《2020 年全国人口普查》数据计算并整理得到。

而与此同时，除沿海地区之外的全国其余地区对流动人口的吸引力日趋减弱。从表 5.3 可以看到，流入东北地区、黄河中游、长江中游、西南地区与西北地区的跨省迁移人口占全国跨省迁移人口的比重虽略有上升，但依然很低。2015 年迁入东北地区、黄河中游、长江中游、西南地区与西北地区的跨省人口占全国跨省流动人口的比重分别达到 2.76%、4.74%、5.58%、7.28% 与 3.08%，2020 年分别上升为 3.75%、5.22%、5.33%、7.95% 与 4.20%。

和大多数发展中国家类似，中国至今仍然是一个农村人口众多国家，2020 年农村人口占全国人口的比重仍然高达 36.11%，这一国情决定了我国人口流动将仍是以农村人口为主体。因此，我国大规模劳动力向沿海地区迁移的过程，也是大量的农村剩余劳动力由乡村向城市、由农业向非农业部门转移的过程。由表 5.4 可以看出，改革开放以来，农村迁出人口是我国人口流动的主体，并且绝大部分迁出人口是流向城镇的。由表 5.5 最后一栏显示，2020 年，大约有 76.9% 的农村人口流入了各类城镇。再从城镇类别看，我们引用张广胜和田洲宇（2018）研究分析数据，流向省会城市与地级市等大中型城市跨省农村劳动力占全部农村劳动力迁移人口比重在 60% 以上，这主要是由于大中型城市的产业集聚效应明显比小型城镇要强。这符合发展中国家的农村劳动力一般流向大型城市的规律（Puga，1998）。

表 5.4　　　　　　　　　我国农村与城镇人口流动情况　　　　　单位：%

年份	迁出		迁入		农村迁入城镇
	农村	城镇	农村	城镇	
1982 ~ 1987	68.0	32.0	23.6	76.4	74.4
1985 ~ 1990	62.5	37.5	17.3	82.7	78.5
1990 ~ 1995	59.8	40.3	28.6	71.4	60.2
1995 ~ 2000	58.7	41.3	11.9	88.2	69.0
2000 ~ 2005	61.3	38.7	15.6	84.4	80.3

续表

年份	迁出		迁入		农村迁入城镇
	农村	城镇	农村	城镇	
2005～2010	64.2	35.8	34.7	65.3	62.5
2010～2015	72	28	12.3	87.7	71.3
2015～2020	66.9	33.1	10.1	89.9	76.9

资料来源：彭连清（2007）；2000 年全国人口普查数据、2005 年 1% 人口抽样调查数据、2000 年全国人口普查数据、2015 年 1% 人口抽样调查数据和 2020 年全国人口普查数据。

上述我们是从区域与城镇类别层面描述和分析流动人口分布状况。接下来我们再从跨区域流动的农村劳动力的就业行业选择来描述和分析沿海地区产业集聚的特征（见表 5.5）。从表 5.5 可以看出，2018 年之前，转移出来的农村劳动力选择从事第二产业比例最高，达 48.8%，2018 年之后，从事第三产业的农民工比重开始超过了第二产业。从事第三产业的劳动力的比重呈递增趋势，2018 年在第三产业就业的农民工比重已过半，2020 年其比例达 51.5%。从具体行业来看，从事制造行业的农民工比重虽总体趋于下降趋势，但其比例始终为最高，2020 年其比例仍有 27.3%，其次为建筑行业，近五年来其比例略有下降，2020 年达 18.3%。因此，农村劳动力流动显著地推动了第二产业和第三产业的发展，这印证了农村劳动力跨区域流动与制造业产业集聚有着非常紧密的内在联系。

表 5.5　　　　1998～2020 年农村转移劳动力就业的行业比重　　　　单位：%

年份	制造业	建筑业	批发和零售业	交通运输仓储邮政业	住宿餐饮业	居民服务修理和其他服务业	合计
2008	37.2	13.8	6.4	9.0	5.5	12.2	84.1

续表

年份	制造业	建筑业	批发和零售业	交通运输仓储邮政业	住宿餐饮业	居民服务修理和其他服务业	合计
2009	36.1	15.2	6.8	10.0	6.0	12.7	86.8
2010	36.7	16.1	6.9	10.0	6.0	12.7	88.4
2011	36.0	17.7	6.6	10.1	5.3	12.2	87.9
2012	35.7	18.4	6.6	9.8	5.2	12.2	87.9
2013	31.4	22.2	11.3	6.3	5.9	10.6	87.7
2014	31.3	22.3	11.4	6.5	6.0	10.2	87.7
2015	31.1	21.1	11.9	6.4	5.8	10.6	86.9
2016	30.5	19.7	12.3	6.4	5.9	11.1	85.9
2017	29.9	18.9	12.3	6.6	11.3	11.6	96.8
2018	27.9	18.6	12.1	6.6	12.2	12.9	97.0
2019	27.4	18.7	12.0	6.9	6.9	25.2	97.1
2020	27.3	18.3	12.2	6.9	6.5	25.9	97.1

资料来源：2008～2020 年全国农民工监测调查报告。

　　沿海地区由于得对外开放政策之先，加上其优越的人口条件、地理位置等因素，使得这些地区的制造业取得了初步优势，率先称为制造业领先地区。由于集聚效应等因素，中西部地区劳动力纷纷向这些区域转移，从而反过来又进一步推动了沿海地区的工业化水平，最终形成了正反馈累积循环机制。正是由于这种累积循环机制的存在，经过 40 多年的发展，沿海地区的工业化水平已遥遥领先于中西部地区，并业已成为中国制造业的中心。这也充分说明了劳动力跨区域流动对沿海地区工业化的贡献是极其重要的。

5.3.2　人口流出地来源分布

　　根据 2020 年农民工监测调查报告资料显示，2020 年全国农村

劳动力流动的规模大致是 16 959 万人，其中跨省流动农村劳动力为
7 052 万人。其中来自中部和西部地区的劳动力总量占全部跨省流
动劳动力人口总量的 87.21%（见图 5.3）。这部分劳动力的流出地
主要分布在长江中游、黄河中游以及西南地区，其中长江中游地区
集中在安徽、江西、湖南、湖北四个省份，黄河中游地区集中在河
南省，西南地区集中在四川、重庆、贵州、广西等省份。

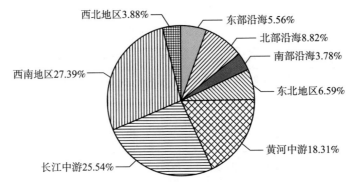

图 5.3　2020 年各地区跨省劳动力流出占全国的比重

资料来源：根据《2020 年全国人口普查》数据计算并整理得到。

　　长江中游地区与西南地区的劳动力的跨省流动有力地推动了我
国沿海地区制造业的发展。根据发达国家的历史发展经验，在劳动
力市场与商品市场一体化水平很高的情况下，地区间劳动力的自由
流动有利于缩小地区收入差距，并推动地区专业化分工水平和地区
间行业内贸易提高（Kim，1998）。但是，中国劳动力市场分割状况
还比较严重，户籍制度还未完全废除、地方保护主义依然盛行，使
得劳动力跨区域流动未能完全自由地实现。国内地区一体化水平还
不是很高，而融入世界经济一体化的步伐却不断加快，对外一体化
的水平不断提高，国外直接投资源源不断涌入沿海地区，大量的国
际制造业转移至中国沿海周边地区，国际贸易持续快速增长，使得

沿海地区具有巨大的外部市场需求，从而诱致大部分制造业向沿海地区集聚。因此，在国内地区一体化水平总体上仍较低、且滞后于对外一体化水平的情形下，劳动力跨区域流动可以导致制造业在空间集聚。下面我们通过一个回归模型对此进行实证检验。

5.4　回归验证

初始的自然资源禀赋、地理位置以及产业政策是中国各地区产业集聚形成的重要因素。撇开这些外生的地区资源禀赋差异，劳动力生产要素和人口资源禀赋是中国各地区产业集聚形成的内在重要因素。劳动力跨区域流动一方面是中国各地区产业在空间集聚的形成产生的结果，另一方面也是引起空间上发生转移与集聚的重要动因，劳动力流动所起的推波助澜的作用不容忽视，因此，本节将通过进一步的经验回归来验证这一因果关系。

5.4.1　回归模型的设定

被解释变量为度量区域工业集聚程度的变量（IPV_{it}），解释变量为跨省劳动力流入规模。控制变量则主要包括各地区的消费力水平、人口密度、地理位置、经济政策等变量。其中，人口密度（Den）衡量的是各区域人口禀赋差异。地理位置变量，我们分别采用两个指标表示，其一是用 FDI 来衡量地区地理位置差异；其二，是否是沿海地区的地区哑变量（$coast$）作为衡量不可知因素或地理位置代表。经济政策变量，我们也采用两个指标来表示，一是用进出口总额（$trade$）占 GDP 比重与相应的全国均值之比来度量相对的经济开放度；二是政府对于经济的参与度。我们沿用有关经济文献中的（金煜等，2006）用扣除教育和国防经费的政府支出占 GDP 的比重与全国均值之比（gov）来度量政府对于经济的参与程度。

此计量模型基本设定如下：

$$IPV_{it} = \alpha_0 + \alpha_1 Y_{i,0} + \alpha_2 coast + \alpha_3 inputl_{i,t-1} + \varepsilon \qquad (5.1)$$

在式（5.1）中，被解释变量 IPV_{it} 为度量工业集聚变量，是用各年度各个地区工业产值占当年全国总的工业 GDP 的比重来表示。$Y_{i,0}$ 为 i 地区期初人均 GDP 与全国均值之比，以此来考察 i 地区期初的消费购买力。$coast$ 为东部沿海地区哑变量。$inputl$ 为各区域跨省劳动力流入数与全国总跨省人数之比。对于随着时间变化的各区域跨省劳动力流入数，我们做了滞后一期的处理，目的是使这些解释变量成为被解释变量被观察到之前已经被决定的变量（predetermined），以减少模型的联立性偏误。α_0、α_1、α_2、α_3 分别为待定的回归系数。ε 为期望为 0 的随机扰动项。

$$IPV_{it} = \beta_0 + \beta_1 Y_0 + \beta_2 Den_{i,t-1} + \beta_3 Policy_{i,t-1} + \beta_4 inputl_{i,t-1} + \varepsilon$$
$$(5.2)$$

其中，Den 为各区域的人口密度，$Policy$ 为经济政策因素向量。β_0、β_1、β_2、β_3、β_4 分别为待定的回归系数。

$$IPV_{it} = \beta_0 + \beta_1 Y_0 + \beta_2 FDI_{i,t-1} + \beta_3 Policy_{i,t-1} + \beta_4 inputl_{i,t-1} + \varepsilon$$
$$(5.3)$$

5.4.2　回归结果

由于数据的缺失，我们只能回归分析 2015 年全国各省人口密度、政策倾斜、FDI 与外省农民工流入对本省第二产业吸纳就业的作用，即这些因素对第二产业在空间上发生集聚作用的影响力。

计量的结果见表 5.6。表 5.6 中的方程（1 - 3）是包含了全部变量的随机效应模型。表 5.6 实证结果表明，跨省劳动力流入、人口密度、FDI、经济政策变量检验结果都呈显著性，即这些因素都对产业集聚具有很好的解释，对第二产业在空间上发生集聚作用都具有影响力。其中，我们最关注的是跨省劳动力对流入省份第二产业发展的推动作用。在表 5.6 中，我们可以得知，在控制其他变量的情形下，劳动力流入对流入地的工业集聚和就业具有显著的影响作用。

表 5.6　　　　　劳动力跨区域流动对流入地工业集中度的影响

变量	Equal[1]	Equal[2]	Equal[3]
Intercept	31.2（11.7）*	17.2（8.61）*	5.6（14.2）*
Y_{1998}	-7.21（3.72）*	-5.45（1.72）*	-2.71（3.42）*
coast	2.77（1.32）*		
FDI			2.23（1.38）*
Den		1.23（0.67）*	
trade		0.62（0.07）*	0.65（0.45）*
gov		-0.78（0.1）*	-0.69（0.2）*
inputl	1.92（1.31）*	1.53（1.02）*	2.02（1.13）*
组内 R^2	0.568	0.537	0.577
组间 R^2	0.606	0.237	0.604
Hausman 检验值	-5.06	-4.32	-3.27

　　这里面更有意义的是，农民工不是替代了本地劳动力在第二产业的就业，而是促进了本地劳动力在第二产业的就业。这就衍生出一个更有意义的命题，即劳动分工与市场规模互为因果、互为补充的古老话题，也即新经济地理学所谓的"一个地区内制造业产品的种类数与既定地区内的制造业劳动力数量成正比"的命题。

　　按照新经济地理学的分析框架。一国之内地区要素的流动可能显著地推动制造业中心—农业外围的不平衡格局形成，即使在一开始各地区之间所有的初始条件都相同的情况下，只要有一个微小的外界扰动就可以促使制造业中心—农业外围格局的形成（Fujita，Krugman and Venables，1999）。从这一理论上的分析结论引申，一个地区多吸纳从别的地区转移过来的劳动力就是可以显著地推动本地区工业化进程，从而提高本地区的经济发展水平。在中国东西部经济发展过程中，由于东部沿海地区的制造业水平在开始阶段明显高于中西部地区，东部沿海地区源源不断从中西部地区吸收劳动力，进而推动本地区的经济发展水平。这一结论可以引申出更为大胆的推论是，沿海地区可能成为中国乃至世界制造业中心。沿海地区本身虽具有丰富的农村剩余劳动力的需要吸收，但由于其强大的市场需求，也必将吸引大量的中西部地区的农村剩余劳动力转移至沿海地区的制造业部门。表5.7证实了这一具有非常强的现实意义的推论。同时需要说明的是，劳动力流动与产业集聚是互为因果关系，本处选择劳动力跨省流入地的第二产业的增长的促进作用可以说是间接证明了这种因果关系。

5.5　小　　结

　　本章从产业集聚与劳动力要素跨地区流动两者互为因果关系的角度，实证描述了中西部地区农村劳动力跨省流动的状况。本章发现，农村劳动力跨省流动有两个不均衡：一是从流出地来看，主要集中在人口较为密集的中部地区和西南地区；二是从流入地来看，主要是流向经济发达、产业集聚的东部沿海地区，仅广东省在2015年就吸引了32.64%的跨省劳动力流动份额。同时通过对跨省劳动力流动的城镇类别选择、行业选择的分析，我们发现跨省流动的农村劳动力主要是选择集聚效应大的大中型城市、工业与建筑业。透过这些初步的结论，我们可以判断和印证沿海地区正在成为产业集聚区与中西部农村劳动力的跨省流动有密切关系；沿海地区产业集聚效应吸引了中西部农村劳动力的流入，反过来中西部农村劳动力流入又进一步增强了沿海地区的集聚效应，两者为一种正反馈机制。

从实证依据看，劳动力向沿海地区流动将仍是劳动力流动的主要形式，并将持续一段时间。从这个意义上，在现阶段，劳动力流动、产业集聚的趋势还不可逆转。

第6章 中国地区差距与产业集聚的实证分析

6.1 引　言

在第 4 章我们详细介绍了中国大陆地区产业集聚的描述性特征，发现现阶段绝大部分制造业已聚集于沿海地区和成渝地区。与此同时，我们很容易观察到，改革开放以来，我国的地区经济差距依然很大。据国家统计局的数据，中国的基尼系数已经由 1980 年较低的 0.33 提高至 2020 年的 0.468，并且这种差距主要表现为沿海地区与内陆地区之间的差距。由此，我们提出这样的问题：产业集聚与地区差距是否存在内在的联系？在本章，我们将产业集聚与地区收入差距二者联系起来，具体思路是参考范剑勇（2008）的做法，将地区差距变化按产业结构与产业空间集聚进行分解，进而阐述产业集聚对中国地区差距变化的贡献。

产业集聚对地区差距的影响效应具体可分为"集中效应"和"结构效应"，其中，集中效应指的是保持各产业份额不变，各产业的空间集聚变化对地区差距变化的影响部分；集中效应则是保持产业空间分布不变，各产业值份额变化对地区差距变化的影响部分。

在此我们继续沿用范剑勇等（2002）的方法分析各产业的空间聚集分布、各地区产业结构变动对地区差距的影响。对于地区差距变化，我们采用泰尔指数予以结构性分解，具体分解为地区之间和各地区内部之间差距变化。对于各产业在各地区空间分布上差异性和不平衡，我们采用产业的基尼系数表示；对于具体产业结构调整，则使用产业的产值份额变化来表示。对于总基尼系数，则可以通过综合各产业的地区分布与产值份额最后计算得到。

本章的研究内容主要包括：一是简单描述基尼系数的产业结构分解法和泰尔指数的地区构成分解法；二是重新描述改革开放以来中国地区收入差距的总体变动态势以及地区差距的产业构成；三是对地区收入差距进行地区分解，在此按照传统的区域分类方法将中国地区分为东部沿海地区、中部地区和西部地区①，分别讨论各地区之间、地区内部之间的差距变化；四是采用集中效应和结构效应分解方法来剖析地区差距内在结构；最后是本章的小结。

6.2　计量方法及指标数据说明

6.2.1　基尼系数的产业结构分解法

基尼系数是常用的度量收入分配不平等程度的指标之一，也是

---

　　①　本章未将其分解为东部沿海地区、北部沿海、南部沿海、东北地区、黄河中游、长江中游，西南地区与西北地区等八大地区，而沿用传统办法，将其分为东部沿海地区、中部地区和西部地区，此虽未与前面的分析一致，但采用此分类方法更能说明我们地区差距和产业集聚的核心特征，故本章予以简化。

最常用的用于衡量地区差距的指标，其具体的计算公式为：

$$C_k = \frac{2}{n} \sum_{i=1}^{n} ix_i - \frac{n+1}{n}, \quad x_i = \frac{y_i}{\sum_{i=1}^{n} y_i}, \quad (x_1 < x_2 < \cdots < x_n) \qquad (6.1)$$

其中，x_i 为从低到高的顺序排列的各个省（市）人均收入与其总和的比重，n 是列入计算的省（市）数量，y_i 为各省的人均收入。

以上基尼系数虽不可按地区进行分解，但我们可以采用范剑勇（2008）的方法，对基尼系数按产业进行分解。因此，如果我们把 GDP 分解成由第一产业增加值、第二产业增加值和第三产业增加值的累加，即 $Y = Y_1 + Y_2 + Y_3$，那么，基尼系数的分解则可以按下式给定（Kakwani，2000）：

$$G = \sum_k (\mu_k / \mu) C_k = \sum_k S_k C_k \qquad (6.2)$$

其中，G 为总的基尼系数，μ、μ_k 分别代表人均收入和平均分项增加值，C_k 为分项集中指数（consent ration index），即分别为第一产业、第二产业和第三产业的集中指数，也即分项基尼系数。$S_k = \mu_k / \mu$ 为分项收入在总收入中的比重。

根据公式（6.2）可知，地区差距总基尼系数是各产业分项基尼系数的加权平均，其权重为各产业增加值在 GDP 的比重。$S_k C_k / G$ 表示第 k 项产业对基尼系数的贡献率，其与第 k 产业的比重和集中程度相关。根据阿达姆斯（Adams，1994）定义的相对集中系数（relative concentration coefficient）C_k / G 值判断，如果某产业增加值的相对系数大于 1，我们则认为该产业增加值为差异促增（inequality increasing），反之亦然。

在此基础上，我们可以对基尼系数的变化进行产业分解。即

$$\Delta G = \sum_k S_{k_{t+1}} C_{k_{t+1}} - \sum_k S_{k_t} C_{k_t} = \sum_k (S_{k_{t+1}} C_{k_{t+1}} - S_{k_t} C_{k_t})$$

$$(6.3)$$

其中，ΔG 为相邻两期的基尼系数的变化幅度，经整理，ΔG 又

可以写成:

$$\Delta G = \sum_k \Delta S_k C_{k_t} + \sum_k \Delta C_k S_{k_t} + \sum_k \Delta C_k \Delta S_k \qquad (6.4)$$

其中, $\Delta S_k = S_{k_{t+1}} - S_{k_t}$, $\Delta C_k = C_{k_{t+1}} - C_{k_t}$。公式 (6.4) 中的 $\sum_k \Delta S_k C_{k_t}$ 为 "结构效应", 它表示产出结构变化引起的总基尼系数的变化; $\sum_k \Delta C_k S_{k_t}$ 为 "集中效应", 它表示产业产出集中程度变化引起的总基尼系数变化; $\sum_k \Delta C_k \Delta S_k$ 为 "综合效应", 它表示以上两种变化综合引起的总基尼系数变化。这种方法不是对地区间的收入差距进行地区性分解地区间的不平等情况, 而用来寻找总基尼系数变化的产业结构或空间分布等原因, 因而具有方便实用的特点 (范剑勇, 2008)。本章将应用此方法重新探究改革开放以来我国地区差距变化的中的产业结构变化因素的内在作用机制。

6.2.2　泰尔指数的地区构成分解法

由于基尼系数不能按地区进行分解 (崔启源, 1994), 在按地区分解收入差距时我们一般将总差距分解成区域内部差距 (WG) 和区域间差距 (BG) 两种, 即 $I(\cdot) = WG + BG$。但是要满足上述的要求, GE (generalized entropy) 通常是唯一的指数 (崔启源, 1994)。

$$I(\underline{y}) = \sum_{i=1}^{n} \frac{1}{n}\left[\left(\frac{y_i}{\mu}\right)^c - 1\right], \ c \neq 0, \ 1$$

$$I(\underline{y}) = \sum_{i=1}^{n} \frac{1}{n}\left(\frac{y_i}{\mu}\right)\log\left(\frac{y_i}{\mu}\right), \ c = 1$$

$$I(\underline{y}) = \sum_{i=1}^{n} \frac{1}{n}\log\left(\frac{y_i}{\mu}\right), \ c = 0 \qquad (6.5)$$

式 (6.5) 中, $\underline{y}$ 是收入 (人均产值) 向量, y_i 第 i 个单位收入,

n 是单位数，μ 是 y_i 平均数，参数 c 反映对收入转移的敏感程度。若 c 小于 2，指数对低收入单位之间的收入转移比较敏感；当 $c = 0$，1 时，GE 就变成泰尔指数。GE 指数进一步可以分解成：

$$I(y) = \sum_{g=1}^{G} w_g I(y_g) + I(\mu_1 e_1, \cdots, \mu_G e_G) \qquad (6.6)$$

此处，w_g 值视 c 而定，一般计算时采用最简便的 c 等于 0 的情况：

$$w_g = \left(\frac{n_g}{n}\right)\left(\frac{\mu_g}{\mu}\right)^c, \quad c \neq 0, 1$$

$$w_g = \left(\frac{n_g}{n}\right)\left(\frac{\mu_g}{\mu}\right), \quad c = 1$$

$$w_g = \left(\frac{n_g}{n}\right), \quad c = 0 \qquad (6.7)$$

在上式，$w_g I(y_g)/I(y)$ 为第 g 组对总不平等系数的贡献程度。一般说来，组内不平等的计算或总不平等的计算简单地应用 $I(y) = \sum_{i=1}^{n} \frac{1}{n}\log\left(\frac{y_i}{\mu}\right)$，而不考虑人口权重，如崔启源（1994）、魏后凯（1997）、坎布尔和张（Kanbur and Zhang，2005）、范剑勇和朱国林（2002）。本章也将采用这种地区差距分解法。

6.2.3 指标数据说明

在地区差距研究的指标数据选取上，我们注意了以下几点：

（1）GDP 总值由第一产业产值、第二产业产值与第三产业产值构成，因此，我们将各年各省可比价格计算的第一、第二、第三产业加总后得到 GDP 总值（基年为 1978 年的价格水平）。

（2）本章采用上述指标测量中国地区经济发展差距所需要的有

关数据来自《新中国 50 年统计资料汇编》和历年的《中国统计年鉴》。① 还需要说明的是，为了分析的连续性，我们把海南的数据包括在广东省里面，重庆的数据也被合并至四川省里，这样，本章共计考虑了 29 个省、自治区与直辖市。

（3）在计算区域差距时，我们未采用人口权重。在计算地区差距时，是否选择考虑人口权重的地区差距指标，这主要取决于作者的伦理判断（崔启源，1994）。

6.3　中国地区差距演变趋势及产业构成

6.3.1　地区收入差距的变化趋势

图 6.1 报告了 1978 ~ 2020 年的中国地区差距变化趋势。从图中我们可以清楚地看出，地区间经济差距的变化趋势可以分为 3 个阶段，1978 ~ 1990 年，各省区的地区差距虽然时有微小起伏，但总体上是处于下降的趋势，但下降幅度并不大，其中基尼系数由 1978 年的 0.362，下降至 1992 年的 0.360。进入 90 年代之后，地区间经济差距迅速扩大，基尼系数开始稳步攀升，并屡创新高，2002 年基尼系数已经达到 0.425，比 1990 年高出 0.065。进入 21 世纪之后，地区间经济差距开始显著缩小。因此，改革以来中国地区差距总体上呈"下降、上升、下降"的变化趋势。

---

① 1998 年之前的数据来自《新中国 50 年统计资料汇编》，1999 ~ 2020 年数据来自历年的《中国统计年鉴》。

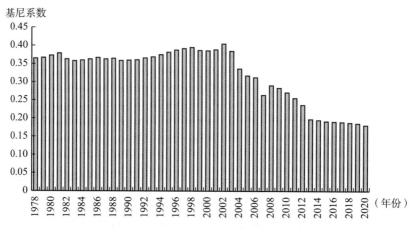

图 6.1   中国地区差距的总体演变趋势

资料来源：1998 年之前的数据来自《新中国 50 年统计资料汇编》，1999~2020 年数据来自历年的《中国统计年鉴》。

6.3.2   地区差距的产业构成

前文我们分析了以省区为单元的中国地区经济发展差距演变趋势，分析表明改革以来我国地区经济发展差距呈"下降、上升、下降"变化趋势。本部分我们利用基尼系数可按产业进行分解的特点，讨论地区差距的构成。

在本部分，我们首先分析三大产业产值比重的变化过程；其次从各产业的集中指数分析三大产业地区分布的差异及变化特征；最后根据公式（6.2）讨论以省区为单元的中国地区经济发展差距形成的产业构成。

我们首先讨论三大产业份额的变化过程。计划经济时期的重工业优先发展战略导致了改革初期时产业结构出现了不平衡，其中，第二产业占据绝对优势地位（1978 年其产值比重达到 50% 以上，见图 6.2），第三产业异常萎缩（1978 年其产值比重仅为 20% 左右）；第一产业比重较高（达到30%左右）。

众所周知，中国经济改革首先是从农村开始的，农村"家庭联产承包"责任制等一系列诱致性制度变迁极大地推动了第一产业在改革初期的发展，其结果是1978~1983年第一产业的产值比重呈明显上升趋势，但其后由于农村先发改革的制度优势丧失与工业化进程的不断推进，第一产业产值比重逐渐呈下降趋势。进入20世纪90年代后，其下降幅度更加明显，至2020年第一产业产值比重已下降至7.65%。

由于传统的计划经济体制极大地压抑了第三产业的发展，改革伊始，第三产业就得到迅速发展和恢复。因此，改革的一个重要效应表现为第三产业产值份额的稳步提高，这种效应一直持续至今，其所占份额从1978年的24.6%增长至2020年的54.53%。然而，第三产业的发展最终还将取决于工业化发展水平、城市化和其他如户籍制度等因素。图6.2显示，第三产业产值比重在2016年以后就一直处于低增长态势，2020年其产值份额仅为54.53%，明显偏低。接着我们分析第二产业，由于必须弥补欠第三产业的"债"（范剑勇和朱国林，2002），第二产业产值份额在20世纪90年代以前总体上处于下降趋势，其产值比重由1978年50%左右，下降到1990年的40%左右。但是中国仍是处于快速的工业化发展阶段，转型时期还存在诸多不合理制度，如户籍制度等，这些不合理的制度极大地限制了城市第三产业的发展，加之对外一体化水平不断提高与出口发展战略的导向作用，第二产业的产值份额仍呈现上升的态势。其中2006年第二产业产值占GDP的比重达47.56%，还要略高于1979年的46.95%，2020年这一比重仍达37.82%。这说明我国目前第二产业的比重偏高，与世界大部分国家相比，我国第三产业增加值在GDP所占的比重仍然偏低，现阶段我国产业结构还不尽合理。

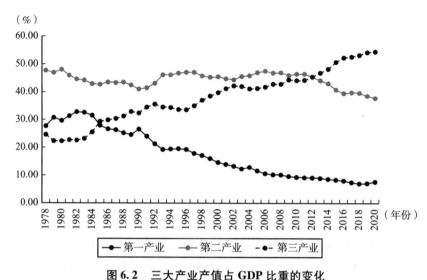

图 6.2　三大产业产值占 GDP 比重的变化

资料来源：1998 年之前的数据来自《新中国 50 年统计资料汇编》，1999～2020 年数据来自历年的《中国统计年鉴》（中国统计出版社），并经作者计算整理得到。

　　接下来我们转入三大产业的集中指数的讨论。图 6.3 报告了 1978～2020 年以基尼系数衡量的各产业集中度变化状况。从图 6.3 中我们可以看出，在改革开放之初，第二、第三产业的地区分布的不平衡的特征已特别明显，1978 年第二、第三产业的集中化指数已分别高达 0.4992 和 0.3716。这主要是受传统的计划经济体制和重工业优先发展战略的影响，中华人民共和国成立之初"一五"时期，我国东北三省地区已作为成我国重工业生产基地，"三线"建设时期，四川等少数内部省份承担了重工业生产基地和主要的矿产资源采掘基地的功能，上海、北京等直辖市则承担了全国轻工业消费品生产基地的功能，而其他沿海省份的第二产业发展则受到较严重束缚，这导致在此时期我国第二产业发展存在极大不平衡性。除此之外，计划经济时期我国重工业所占比重较大，而消费品等轻工业产品生产则严重不足，这也导致了第二产业的集中化指数居高不下。改革开放以后，随着市场化趋向的改革和各地区工业化进程陆续推进，各省特别是沿海地区，如广东、浙江、福建、山东等省有大量的外资源源不断地涌入，出口导向型的工业产业蓬勃发展，这在一定程度上缩小了与三大直辖市第二产业上的差距，加之这时期内陆等省的工业化也取得了一定的发展。因此，在 1978～2000 年间，第二产业集中化指数呈下降趋势，此时期集中化指数由 1978 年的 0.499 下降到 2000 年的 0.3822。随着中国加入 WTO 以后，大量外资企业涌入我国沿海地区投资办厂，第二产业集中化指数又出现缓慢攀升，在 2008 年又上升至 0.3907。随着制造产业转移的出现，我国内陆省份地区开始承接大量沿海地区的产业，2018 年以后我国第二产业集中化指数又继续呈下降趋势，2020 年这一集中化指数已下降为 0.2177。

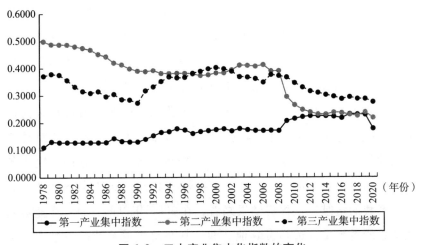

图 6.3　三大产业集中化指数的变化

资料来源：1998 年之前的数据来自《新中国 50 年统计资料汇编》，1999～2020 年数据来自历年的《中国统计年鉴》（中国统计出版社），并经作者计算整理得到。

　　形成第三产业在改革初期地区发展不平衡性的原因，正如前文我们指出的,由于计划经济体制抑制了各地区第三产业的发展,第三产业只是在一些重工业集聚或轻工业集聚的地区发展,从而导致第三产业在改革初期类似第二产业那样区位分布不平衡(范剑勇,2008)。随着市场化趋向的改革开放不断推进,各地区的第三产业不仅获得了恢复和发展,而且第三产业发展的区域不平衡性问题也得到了有效缓解,这体现为第三产业集中化指数由 1978 年的 0.372 降至 1989 年的 0.284。

工业化水平、城市化水平、人口密度及基础设施建设是影响我国第三产业发展水平重要的决定性因素。进入 20 世纪 90 年代以后,第三产业在各省份发展的不平衡性加剧,一些工业化水平相对较高的省份,比如广东、浙江、江苏等沿海发达地区和三大直辖市,其第三产业也得到了长足发展,第三产业集中化指数逐步提高,由 1990 年的 0.2930,上升至 2008 年的 0.3721。从总体上看,在 1978~2008 年间,第三产业集中化指数呈现"U"形变化趋势,2008 年之后,随着产业转移,内陆省份城市化不断推进,第三产业集中化指数呈现稳步下降的趋势,2020 年这一指数已下降至 0.2754。

最后我们综合各产业分项集中化指数和各产业产值份额来讨论地区差距的总基尼系数的构成。公式(6.2)表明,各产业对总基尼系数的贡献不仅取决于自身集中化指数的大小,而且还取决于各产业产值所占份额的比例。表 6.1 报告了 1978~2020 年各产业对总基尼系数的贡献。从报告结果来看,在 2008 年以前,第二产业对基尼系数的贡献率远远超过其他产业,其对总基尼系数的贡献率基本维持在 50% 以上,居主要地位,这一观点同魏后凯(1997)、林毅夫、蔡昉、李周(1998)、范剑勇(2008)等研究结论相吻合。因此,第二产业的地区差距是影响中国地区总体差距的决定因素。2008 年以后,第三产业对基尼系数的贡献率开始超过第二产业,并且发挥着越来越重要的作用,2020 年第三产业对基尼系数的贡献率已高达 62.77%。

表 6.1　　　　　　　三大产业对总基尼系数的贡献率　　　单位:%

年份	总贡献	产业对总基尼系数的贡献			年份	总贡献	产业对总基尼系数的贡献		
		一产	二产	三产			一产	二产	三产
1978	100	8.65	66.57	24.77	2000	100	7.34	48.88	43.78
1979	100	11.57	65.18	23.25	2001	100	7.13	48.91	43.96
1980	100	10.87	66.25	22.88	2002	100	6.48	48.89	44.63
1981	100	11.88	65.30	22.81	2003	100	6.29	51.96	41.75
1982	100	12.89	65.12	21.99	2004	100	6.47	52.51	41.02
1983	100	13.05	65.08	21.87	2005	100	5.82	53.94	40.24
1984	100	12.84	63.17	23.99	2006	100	5.38	53.90	40.72
1985	100	11.31	60.49	28.20	2007	100	5.01	53.93	41.06
1986	100	11.04	61.55	27.41	2008	100	6.18	46.93	46.89
1987	100	12.15	59.22	28.63	2009	100	5.79	43.05	51.16
1988	100	11.22	59.94	28.84	2010	100	6.43	43.18	50.39
1989	100	11.10	57.96	30.94	2011	100	6.89	43.05	50.06
1990	100	12.21	55.80	31.99	2012	100	7.31	41.24	51.44
1991	100	11.31	53.43	35.26	2013	100	7.37	40.76	51.86
1992	100	10.46	53.36	36.17	2014	100	7.09	39.45	53.46
1993	100	9.91	53.99	36.10	2015	100	6.92	38.11	54.97
1994	100	9.93	53.06	37.01	2016	100	8.48	45.76	45.76
1995	100	10.58	53.67	35.75	2017	100	6.42	34.77	58.81
1996	100	10.20	53.01	36.79	2018	100	6.33	34.06	59.62
1997	100	8.65	53.02	38.33	2019	100	6.26	33.04	60.70
1998	100	8.60	50.30	41.10	2020	100	5.66	31.57	62.77
1999	100	8.07	49.09	42.84					

　　资料来源:1998 年之前的数据来自《新中国 50 年统计资料汇编》,1999~2020 年数据来自历年的《中国统计年鉴》(中国统计出版社),并经作者计算。

从各产业对地区间总体差距的贡献的变化趋势来看，第一产业对地区间总体差距的贡献一直最小，并且呈下降趋势。其原因在于，一方面第一产业的地区间差距较小，另一方面是我国产业结构升级的结果，第一产业的产值份额迅速下降。

1978~2008年，第二产业对地区间总体差距的贡献经历了一个近似于"U"形的变化过程，这与范剑勇（2008）分析得出的第二产业对地区不平等的贡献经历了一个"U"形变化过程的结论相吻合。1978~2000年，第二产业对地区不平等的贡献是持续下降的，而在2000年达到谷底（48.88%）后又持续上扬，2007年已达到53.93%的贡献份额。第二产业贡献份额在2000~2008年间的回升，与此时期第二产业的产值份额与集中化指数有密切的关系。其中，一方面是第二产业的增加值占GDP的比重呈逐步上升的趋势，由2000年的45.91%提高至2008年的48.62%，另一方面是近年来第二产业的集中化指数一直处于缓慢下降或停滞的态势之中，从直观上讲，1978~2008年期间第二产业的产值份额对总基尼系数有更大贡献（范剑勇，2008）。同时，在前面章节中我们已经分析，中国绝大部分制造业已转移至沿海发达地区，区域集聚的趋势愈发明显。2008年之后，随着国内市场一体化趋势不断增强，中西部地区开始承接大量产业转移，第二产业集中化指数呈下降趋势，同时第二产业的产值份额也趋于下降，因此其对总基尼系数的贡献率总体呈下降趋势，其对总基尼系数贡献主导地位逐渐被第三产业所取代。

第三产业对地区间总体差距的贡献总体上呈上升趋势，对总基尼系数的贡献份额由1978年的24.77%持续上升至2002年的44.63%，之后又回落至2007的41.06%，随后一路上扬，2020年其对总基尼系数的贡献份额已上升至62.77%。改革以来第三产业对中国地区间总体差距的影响持续扩大的原因是，一方面是由于产

业结构升级导致了第三产业产值比重在持续上升；另一方面第三产
业集中化指数也在持续上升。在这两个方面共同作用下，第三产业
对总基尼系数的贡献份额总体上呈上升趋势，这一点与范剑勇
（2008）的研究结论不尽相同，其结论是第三产业对地区间总体差
距的贡献率在 20 世纪 90 年代后徘徊不前。

中国的产业结构仍存在第二产业产值份额居高不下，第三产业
份额偏低并与工业化阶段不相符合等问题，改革以来中国扭曲的产
业结构虽然得到一定程度的纠正，但远远没有达到符合一般发展中
国家工业化进程中的"大国"标准模式（钱纳里，1995），因此，
中国地区差距扩大的主要结构性因素是第二产业产值份额不断上
升。同时，第三产业对总基尼系数的贡献率日益上升，即第三产业
对中国地区间总体差距的影响在持续扩大。而第一产业对地区差距
形成的贡献率总体比较小，并且持续下降。

6.4　收入差距的地区分解

前文分析表明，改革以来中国地区差距从总体上呈下降、上升后
又下降的变化趋势。从产业角度看，第二、三产业在构成地区差距的
贡献份额中起了主要作用，特别是 20 世纪 90 年代以来，非农产业在
空间上向沿海聚集和第二产业居高不下的产值份额导致了地区差距的
持续扩大。那么，这种地区差距主要体现在怎样的地区构成上呢？形
成地区经济发展差距演变的原因是东中西部地区内部省区差距所致？
还是由于东中西部地区之间差距所致？本处将从地区差距的地区构成
上进一步剖析地区差距的类别，我们将利用泰尔指数的方法分解地区
差距，把全国总的地区差距分解为各地区间以及各地区内部的差距。
国内外关于中国地区差距的研究通常将地域划分为沿海与内地、东中

西部地区等方法，本处将沿用传统的"三分法"，按照东部沿海、中部、西部三个区域来分解地区总差距。①

表 6.2 报告了 1978 ~ 2020 年东部、中部、西部地区内部各省（市）及东部、中部、西部地区之间差距的泰尔指数。具体而言，地区差距的地区构成具有以下特点：

表 6.2 1978 ~ 2020 年地区间与各地区内部差距的泰尔指数

年份	地区间	东部内	中部内	西部内	年份	地区间	东部内	中部内	西部内
1978	0.015	0.060	0.035	0.023	1993	0.059	0.019	0.012	0.008
1979	0.014	0.052	0.031	0.020	1994	0.061	0.018	0.010	0.007
1980	0.015	0.051	0.030	0.019	1995	0.063	0.018	0.010	0.006
1981	0.015	0.043	0.026	0.016	1996	0.062	0.019	0.009	0.006
1982	0.015	0.039	0.023	0.014	1997	0.068	0.019	0.010	0.006
1983	0.014	0.037	0.022	0.014	1998	0.071	0.018	0.009	0.007
1984	0.016	0.035	0.020	0.012	1999	0.074	0.021	0.009	0.007
1985	0.017	0.033	0.019	0.012	2000	0.077	0.018	0.006	0.006
1986	0.018	0.032	0.018	0.011	2001	0.075	0.018	0.008	0.006
1987	0.019	0.028	0.016	0.010	2002	0.081	0.020	0.008	0.006
1988	0.021	0.026	0.014	0.009	2003	0.080	0.009	0.006	0.006
1989	0.027	0.023	0.012	0.008	2004	0.084	0.019	0.008	0.006
1990	0.034	0.020	0.013	0.008	2005	0.077	0.018	0.007	0.007
1991	0.050	0.019	0.013	0.009	2006	0.079	0.017	0.010	0.007
1992	0.054	0.020	0.012	0.008	2007	0.083	0.018	0.008	0.007

---

① 其中东部地区包括北京、天津、河北、辽宁、上海、江苏、浙江、福建、山东、广东等10个省、直辖市；中部地区包括黑龙江、吉林、山西、河南、安徽、江西、湖北和湖南等8个省份；西部地区包括内蒙古、广西、四川、贵州、云南、西藏、陕西、甘肃、青海、宁夏与新疆等12个省区市。必须说明的是，由于重庆设为直辖市的时间较晚，为了保持数据的连续性，我们将重庆归入四川省内。

续表

年份	地区间	东部内	中部内	西部内	年份	地区间	东部内	中部内	西部内
2008	0.081	0.017	0.010	0.008	2015	0.061	0.008	0.003	0.003
2009	0.082	0.012	0.004	0.004	2016	0.060	0.009	0.003	0.003
2010	0.080	0.010	0.004	0.004	2017	0.061	0.010	0.001	0.004
2011	0.065	0.008	0.004	0.005	2018	0.060	0.009	0.002	0.003
2012	0.062	0.008	0.004	0.004	2019	0.059	0.012	0.003	0.003
2013	0.061	0.008	0.004	0.004	2020	0.056	0.032	0.006	0.008
2014	0.060	0.007	0.003	0.004					

资料来源：1998 年之前的数据来自《新中国 50 年统计资料汇编》，1999～2020 年数据来自历年的《中国统计年鉴》（中国统计出版社），并经作者计算。

其一，从地区内部差距来看，东部地区内部省区差距最大，这主要是由于东部沿海地区的三大直辖市与其他沿海省份间的差距造成的（范剑勇，2008），其次是中部地区，西部地区内部省区差距最小（见图 6.4）。

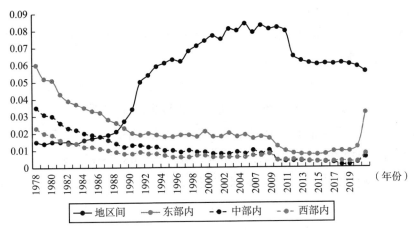

图 6.4　地区间及各地区内部差距的泰勒指数的历史变化轨迹

资料来源：根据表 6.2 整理得到。

其二，东部、中部、西部地区内部各省市间的差距总体都呈缩小的趋势（见图 6.4）。其中东部地区的内部差距有较大程度地缩小，除 2020 年外，东部地区内部泰尔指数从 1978 年的 0.06 下降到 2019 年的 0.012，下降幅度高达 80%，这说明了东部地区内部的各省、市间的差距正在缩小。同时，中部、西部地区内的差距也都逐步下降，其中中部地区内部差距缩小的速度总体超过西部地区，中部地区内部省区差距的泰尔指数从改革之初的 0.035 下降至 2019 年的 0.003，下降幅度达 91.43%；西部地区的内部省区差距也呈显著性的下降，从期初的 0.023 下降到 2019 年的 0.003，下降幅度达 86.96%。因此，从东部、中部、西部地区各内部之间差距的演变来看，大致可以得出中国地区经济增长呈现"俱乐部"式的发展特征，即经济条件大致相同的经济区域内部省份之间经济发展呈现出趋同的现象。

其三，东、中、西部地区之间差距呈倒"U"型发展趋势（见图 6.4）。改革开放 1978～2008 年时期，地区间差距呈不断扩大的趋势，衡量地区之间差距的泰尔指数从 1978 年的 0.015 上升至 2008 年的 0.081。尤其是在 20 世纪 90 年代初期，地区之间差距的扩大趋势更加明显，泰尔指数由 1990 年的 0.034 扩大至 2000 年 0.077，提高了 0.043。2008 世界金融危机以后时期，中国地区差距开始呈缩小的趋势，2020 年此泰尔指数已下降至 0.056。

表 6.3 报告了东部、中部、西部地区内部差距和地区之间差距对全国总的地区差距形成的贡献率。从报告结果来看，三大地区间的差距逐步重要起来，其对全国省际经济差距的贡献总体呈上升趋势，由 1978 年的 11.26%，上升至 2019 年的 68.08%，受新冠肺炎疫情影响，2020 年地区间形成的贡献率值有所下降，但仍占 43.90%。而地区内部差距对全国总的省际经济差距的贡献率总体呈递减趋势，其贡献率由 1978 年 88.74% 左右，下降至 2019 年 31.92%，下降幅度为 64.03%，2020 年地区内部差距形成贡献率

出现明显的上升，其贡献率上升至 56.10%。

表 6.3　　地区间与地区内部差距对总地区差距的贡献率

年份	泰尔指数	东部地区（%）	中部地区（%）	西部地区（%）	地区间（%）
1978	0.133	45.45	26.24	17.05	11.26
1979	0.117	44.53	26.69	16.64	12.13
1980	0.115	44.32	26.17	16.18	13.33
1981	0.100	43.29	25.80	15.74	15.17
1982	0.092	42.72	25.00	15.78	16.50
1983	0.087	42.34	25.37	15.67	16.62
1984	0.084	41.48	24.31	14.88	19.32
1985	0.081	40.84	23.33	14.42	21.40
1986	0.078	40.36	23.05	14.18	22.41
1987	0.073	38.89	21.70	13.32	26.10
1988	0.069	37.35	19.98	12.67	30.01
1989	0.070	32.87	17.48	11.22	38.43
1990	0.075	26.70	16.71	11.19	45.39
1991	0.090	21.07	13.98	9.72	55.23
1992	0.094	21.19	12.82	8.76	57.22
1993	0.098	19.49	11.99	8.02	60.51
1994	0.096	18.66	10.37	7.72	63.25
1995	0.097	18.56	10.31	6.19	64.95
1996	0.096	19.79	9.38	6.25	64.58
1997	0.103	18.45	9.71	5.83	66.02
1998	0.105	17.13	8.57	6.71	67.58
1999	0.111	18.83	8.11	6.39	66.67
2000	0.109	16.52	7.34	5.47	70.67
2001	0.107	16.82	7.48	5.61	70.09
2002	0.115	17.39	6.96	5.22	70.43
2003	0.113	15.78	7.98	5.32	70.92

年份	泰尔指数	东部地区 （%）	中部地区 （%）	西部地区 （%）	地区间 （%）
2004	0.117	16.09	6.82	5.48	71.61
2005	0.110	16.34	7.26	6.53	69.88
2006	0.113	15.00	8.80	6.51	69.69
2007	0.116	15.46	6.87	6.38	71.29
2008	0.116	17.71	8.65	6.56	70.08
2009	0.088	14.20	4.86	4.92	76.03
2010	0.078	12.51	4.79	5.73	76.97
2011	0.062	13.46	6.19	7.46	72.88
2012	0.058	13.35	6.60	7.23	72.83
2013	0.056	13.51	6.41	6.67	73.41
2014	0.055	13.67	6.33	6.47	73.53
2015	0.055	14.22	5.82	6.11	73.84
2016	0.056	16.71	5.15	6.15	71.99
2017	0.056	17.16	2.63	6.60	73.61
2018	0.055	17.37	2.77	6.22	73.64
2019	0.057	20.90	5.18	5.84	68.08
2020	0.082	39.02	7.32	9.76	43.90

　　资料来源：1998年之前的数据来自《新中国50年统计资料汇编》，1999~2020年数据来自历年的《中国统计年鉴》（中国统计出版社），并经作者计算。

　　由图6.5我们可以观察到，1988年以前，东、中、西部地区内部省区差距一直是中国总的地区经济差距形成的主要贡献者，尤其是东部地区内部差距在此时期一直都超过三大地区间的差距。然而在20世纪90年代以后，三大地区间的差距迅速扩大，并一跃成为中国总体地区差距的主导因素，尤其是2000年以后，除2020年外，其对中国总体地区差距贡献率一直保持在70%以上水平。

　　当我们进一步分析改革开放初期，三大地区内部省区差距对全国总体地区差距的贡献份额较高的原因时，我们可以发现，主要是由于东部地区内部省区差距较大所致，在改革初期，东部地区内部差距对全国总体地区差距的贡献份额达到 45.45%，不仅高于其他两地区内部差距的贡献份额，还远高于三大地区间的差距的贡献份额。

伴随着东部地区内部的趋同与三大直辖市的第二产业向其他周边沿海省份的转移，东部地区内部省区差距对全国总体地区的差距的贡献率呈明显下降趋势，其贡献率由 1978 年的 45.45%，下降至 2019 年的 20.90%。同时，中、西部地区内部之间的省区差距对全国总的地区差距的贡献一直都不显著，并且这种贡献总体上呈下降趋势。1978 年，中、西部地区的内部差距对全国总体地区差距的贡献份额分别达 26.24% 与 17.05%，至 2020 年该贡献率则纷纷降 7.32% 与 9.76%。其中中部地区下降的速度超过西部地区，至此中、西部地区各省区间表现出了俱乐部趋同的态势。

因此，从地区构成上看，地区差距主要体现在三大地区之间的差距。同时，由上节可知，构成地区差距扩大主要因素是第二、第三产业。地区差距在空间上主要表现为东部地区与中西部地区之间的差距。由此我们可以推测，地区差距持续扩大很可能是由于第二产业产值份额居高不下，第二、第三产业在东、中西部空间分布的不平衡所致。

6.5　按产业结构分解基尼系数的变化

前文我们分析了地区差距的产业构成与地区构成，得出的基本结论是，第二、第三产业在构成地区差距的贡献份额中起了主要作用，东部与中西部地区之间的地区差距是中国地区差距的主要表现。然而，导致地区差距变化主要因素是哪些？是由于各产业集中化指数变化（即各产业空间分布变化），抑或是产业结构调整所致？至此我们仍未获得答案。为此，我们接下来将结合各产业集中化指数变化和各产业产值份额变化来探究其中答案。公式（6.4）已经表明，总基尼系数的变化总体可分解为各产业的"集中效应""结构性效应""综合效应"三个部分。我们将利用公式（6.4），来探知改革开放以来推动我国地区差距变化主导因素，到底是由产业空间分布的集中效应，还是产业结构升级的结构效应，还是综合效应发挥主导作用？

第一，表6.4第二栏与图6.5报告了我国地区收入差距总基尼系数变化情况。其中1978~1990年，中国地区经济发展差距整体上呈缩小趋势（表现为1990年以前，除1980年、1985年之外，其他年份的总基尼系数变化值均为负）。1991~2008年期间，中国地区差距总体上是处于上升趋势（总基尼系数变化值为正的年份居多，并且上升的幅度较大）。2008~2020年，中国地区差距总体上是处于下降趋势（除2017年、2019年外，此时期总基尼系数变化值均为负值）这与我们前面分析得出的结论是一致的。

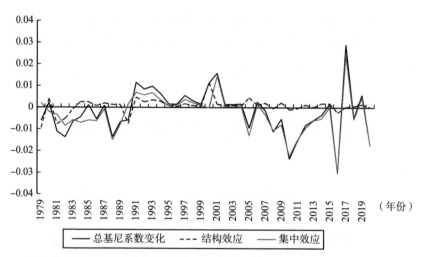

图 6.5　1979~2019 年中国总基尼系数变化的结构效应与集中效应分解

资料来源：1998 年之前的数据来自《新中国 50 年统计资料汇编》，1999~2019 年数据来自历年的《中国统计年鉴》（中国统计出版社），并经作者计算整理得到。

　　第二，依据公式（6.4），表6.4第三栏与图6.6是关于总基尼系数变化的分解结果。表6.4第三栏分别报告了各产业的结构效应、集中效应和综合效应大小，其中结构效应与集中效应占总基尼系数变化的主导因素，而综合效应相比结构效应和集中效应而言非常之小，几乎可以忽略不计。同时我们可以看出，1990年以前结构效应与集中效应总是相互交替地发挥着对总基尼系数的主导作用（体现在表6.4中第三栏中的结构效应或者集中效应值总是超过100%），这一点与范剑勇（2008）研究的结论是基本吻合的。1990～2008年，结构效应与集中效应则共同发挥着作用（体现在表6.4中第三栏中的结构效应或者集中效应值总是小于100%①），而结构效应显然是第二产业产值份额过高并持续提高的结果，集中效应则是由于非农产业尤其是制造业不断向东部沿海地区转移的结果（范剑勇，2008）。因此，我们可以这样认为，第二产业产值份额过高并持续提高所导致的不合理的产业结构和非农产业的空间不平衡分布的加剧，二者共同推动了地区差距的持续扩大。2008年至2020年，则是集中效应占主导地位（体现在表6.4中第三栏的集中效应值总是超过100%，而结构效应相比较小②），此时期我国产业空间分布发生了较大的变化，中西部地区开始承接了我国东部沿海地区的大量产业转移，尤其是西南地区的四川、重庆等地区业已成为我国制造业第四增长极，随着这些地区制造业的兴起，其第三产业服务业也得到了长足的发展，因此，我们可以这样认为，由于中西部地区制造业发展和承接产业转移，第二产业和第三产业空间分布不平衡的问题得到一定缓解，最终使得地区差距不断缩小。

　　第三，我们关注表6.4中的第四、五栏中关于结构效应与集中

---

①　只有2003年是例外。

②　只有2015年除外。

效应的产业构成。我们先考察结构效应，改革开放初期，由于农村改革的先发优势，第一产业的产值份额有所上升，从 1978 年的 0.282 提高至 1983 年的 0.332，并且它在结构效应中对地区差距的变化的贡献有正的作用。但在 1983 年以后，由于产业结构的升级，第一产业的产值份额逐步下降，从而导致其在结构效应中对地区差距变化产生缩小效应。接下来看第二产业，第二产业在 1990 以前的产值比重总体呈下降趋势，其在结构效应中对地区差距变化的贡献呈正负交替作用，似乎无规律可循。但在 1990 年以后，第二产业的产值比重稳步提升，从 1990 年的 0.413 提升至 2008 年的 0.486，导致其在结构效应中对地区差距有扩大的效应。再看第三产业，在 2000 年以前，第三产业的产值份额一直处于稳步上升的态势，并且其在结构效应中起了扩大地区差距的作用。但在 2000～2008 年期间，第三产业的产值份额增长乏力，甚至有所下降，其在结构效应中对地区差距变化总体上起缩小差距的作用，但相对作用比较小。然而 2008 年之后，随着第三产业产值份额的不断上升，其相对作用已超过第二产业，在结构效应中对地区差距依然起着缩小的作用。

第四，我们关注集中效应。图 6.3 显示，改革开放以来第一产业的集中化指数基本持平或呈略微增长，因此，其在集中效应中对地区差距的变化的作用不是非常明显。接下来看第二产业，第二产业的集中化指数变化可分为两个阶段，2000 年以前是逐年下降的，即从 1978 年的 0.4992 下降至 2000 年的 0.3822，这导致其在集中效应中对地区差距变化产生缩小效应，如表 6.4 第五栏第二产业部分的在此阶段的值基本是负值；2000 年之后，第二产业的集中化指数又开始持续缓慢上升，从 2000 年的 0.3822 上升至 2008 年的 0.3907，在此时期第二产业在集中效应中对提升地区差距的作用也不是非常之大。2008 年至 2020 年，第二产业的集中化指数整体呈下降趋势，在此时期第二产业在集中效应中对提升地区差距的作用依然不强。

第五，我们再观察第三产业在集中效应中的表现，在 1990 年之前，第三产业的集中化指数总体呈逐步下降的趋势，即从 1978 年的 0.372 下降至 1989 年的 0.284，其在集中效应中对地区差距呈缩小的效应，如表 6.4 第五栏第三产业部分在此阶段的贡献值大都为负值。1990~2008 年，第三产业的集中化指数又出现持续上升的趋势，从 1990 年的 0.293 上升至 2008 年的 0.372，此时期第三产业在集中效应中整体表现为扩大地区差距效应，表 6.4 第五栏第三产业部分在此阶段的贡献值大都为正值。2008 年之后，第三产业的集中化指数又呈下降趋势，2020 年第三产业的集中化指数为 0.275，此时期第三产业在集中效应中对地区差距总体呈扩大效应，表 6.4 第五栏第三产业部分在此阶段的贡献值大都为正值。综上所述，地区差距的效应主要是由第二产业与第三产业的集中效应决定的，二者之合力不容小觑。

第六，我们考察各产业对总基尼系数的贡献。为了更为清楚、形象地观察出各产业对总基尼系数贡献的动态变化，我们将各年份的第一、第二、第三产业的集中效应与结构效应总和与总基尼系数反映在图 6.6 中，可以看出，第二、第三产业共同主导着地区差距的变化，其中，在 1979~2000 年间的大部分年份中，第二产业对基尼系数的变化的贡献要大于第三产业（只有 1979 年、1985 年、1989 年除外），进入 21 世纪以后，第三产业对总基尼系数的贡献开始超过第二产业，因此，第二、第三产业主导着改革以来的中国地区差距的变化。同时我们对第一产业曲线观察得知，第一产业曲线与总基尼系数曲线的走势几乎呈现相反的态势，这进一步说明第二产业与第三产业的发展在总体地区差距的扩大作用中起着主导作用。

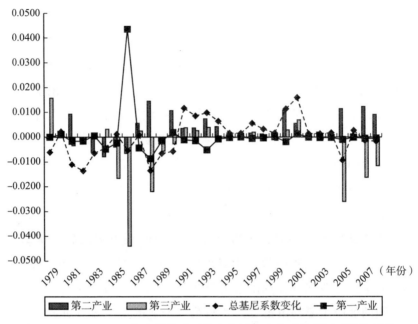

图 6.6　1979～2007 年中国基尼系数变化及各产业对总基尼系数的贡献

　　资料来源：1998 年之前的数据来自《新中国 50 年统计资料汇编》，1999～2007 年数据来自历年的《中国统计年鉴》（中国统计出版社），并经作者计算整理得到。

　　我们进一步从结构效应与产业效应角度分析第二、第三产业对总基尼系数的贡献。1990 年以后，第二产业的结构效应与集中效应对总基尼系数的贡献大抵相当，第二产业的高产值份额是地区总差距扩大的重要因素，这种第二产业产值份额居高不下的畸形产业结构，与现阶段的出口发展战略、户籍制度等因素分不开（范剑勇，2008）。从这个意义上讲，改变目前这种不合理的畸形产业结构是缓解地区差距的有效途径。如从提振内需战略、推动生产性服务业发展、加快转变出口增长方式等方面入手。再看第三产业的结构效应与集中效应，第三产业在 1978～1990 年期间对地区差距的变化起缩小作用的主要因素是结构效应作用的结果（集中效应的作用相对较小，这是由于在此阶段，随着市场化改革的逐渐深入，各地区的第三产业自发地得到恢复和发展），具体表现在第三产业的产值份额有了较大幅度的提高。1990 年以后，各地区之间的工业化发展水平、基础设施建设水平、城市化水平、人口集聚度等方面出现严重差异，这导致第三产业在各地区的发展存在分化，第三产业的集中效应的作用日益显著，在此阶段，第三产业对地区差距总基尼系数的贡献是由结构效应与集中效应共同作用的结果。

以上我们结合图表多角度地描述了各产业对总基尼系数变化的集中效应与结构效应。我们发现以下事实：第一，中国地区差距扩大是由结构效应与集中效应共同起作用的结果，其中集中效应对地区差距的推动作用更为显著；第二，1978 年改革开放至 2008 年期间，地区差距扩大的结构效应主要是由第二产业的产值份额过高并连续增加的结果；第三，对于集中效应，则主要是由第二、第三产业的空间集聚所导致的结果所致；第四，从各产业对中国地区差距变化的影响来看，第二、第三产业在中国总体地区差距的变化中处于主导地位，特别是进入 21 世纪以后，中国地区差距变化的产业因素中第三产业的作用更为显著（见表 6.4）。

表 6.4　　　　　　　中国地区差距变化的产业结构分解

年份	ΔG	总基尼系数变化的结构分解			各产业对地区差距变化的结构效应			各产业对地区差距变化的集中效应		
		结构效应	集中效应	综合效应	一产	二产	三产	一产	二产	三产
1978	—	—	—	—	—	—	—	—	—	—
1979	− 0.0061	− 154	35	19	15	20	− 189	68	65	− 98
1980	0.0022	185	− 92	6	10	90	85	28	− 64	− 56
1981	− 0.0111	− 69	− 30	− 1	23	− 123	31	4	− 3	− 32
1982	− 0.0137	− 38	− 62	0	18	− 34	− 22	− 7	− 34	− 21

续表

年份	ΔG	总基尼系数变化的结构分解			各产业对地区差距变化的结构效应			各产业对地区差距变化的集中效应		
		结构效应	集中效应	综合效应	一产	二产	三产	一产	二产	三产
1983	-0.0065	-12	-89	2	30	-23	-19	13	-108	6
1984	-0.0044	59	-159	0	-31	33	57	-58	-126	24
1985	0.0012	206	-489	-17	-149	234	121	21	-168	-342
1986	-0.0054	15	-115	0	-186	87	114	728	-117	-726
1987	0.0009	223	-88	-35	-164	158	229	-163	330	-256
1988	-0.0136	10	-110	-1	76	-21	-45	-66	99	-143
1989	-0.0066	18	-116	-2	17	24	-23	-23	-24	-70
1990	-0.0058	-128	26	2	-20	-155	47	27	-49	48
1991	0.0116	41	60	-1	-28	15	54	3	40	17
1992	0.0085	31	68	1	-82	90	23	12	22	34
1993	0.0098	36	70	-6	-58	119	-25	-45	46	69
1994	0.0064	45	55	0	-29	90	-16	2	46	7
1995	0.0016	51	51	-2	-33	68	16	6	32	13
1996	0.0016	24	73	3	-12	67	-31	6	47	20
1997	0.0056	32	67	1	-54	15	72	12	36	19
1998	0.0032	29	71	0	-56	53	32	8	33	30
1999	0.0016	32	61	7	-55	93	-6	40	149	-128
2000	0.0114	102	-1	-1	-16	93	25	16	63	-80
2001	0.0159	10	92	-2	-15	33	-8	10	34	48
2002	0.0014	52	46	2	-12	41	23	6	16	24
2003	0.0014	78	22	0	-29	140	-33	24	165	-167
2004	0.0017	46	54	0	-26	108	-36	4	30	20
2005	-0.0094	49	-138	-11	-30	114	-35	3	48	-189
2006	0.0027	45	57	-2	-29	96	-22	17	6	34

续表

年份	ΔG	总基尼系数变化的结构分解			各产业对地区差距变化的结构效应			各产业对地区差距变化的集中效应		
		结构效应	集中效应	综合效应	一产	二产	三产	一产	二产	三产
2007	-0.0014	149	-235	-14	-77	275	-49	32	201	-468
2008	-0.0111	4	95	0	0	-29	34	1	59	35
2009	-0.0052	-43	151	-8	25	141	-209	6	150	-5
2010	-0.0236	4	95	1	1	-20	23	-3	59	39
2011	-0.0152	2	98	0	1	-10	11	-4	55	46
2012	-0.0081	-16	115	1	-4	54	-66	-3	51	67
2013	-0.0058	-2	102	0	4	0	-6	0	63	38
2014	-0.0034	-55	149	6	29	126	-211	0	17	132
2015	0.0017	109	10	-19	-10	-339	457	-9	182	-162
2016	-0.0303	8	100	-7	-5	-23	36	0	2	97
2017	0.0291	1	84	15	-13	-45	59	3	-10	91
2018	-0.0049	-12	112	0	2	35	-56	2	39	71
2019	0.0059	24	81	-5	5	-91	110	-1	85	-2
2020	-0.0175	-1	100	1	-8	13	-6	21	42	37

注：表6.4的阅读说明如下，首先，第三栏结构效应、集中效应和综合效应之和等于总基尼系数变化，如果结构效应、集中效应和综合效应取值为正，表明其促进以省区为单位的中国地区经济发展差距的扩大，反之亦然；其次，第三栏结构效应等于第四栏三大产业结构效应之和，第三栏集中效应等于第五栏三大产业集中效应之和，如果各产业结构效应取值为正，表明其促进以省区为单位的中国地区经济发展差距的扩大，反之亦然，各产业集中效应亦如此。

资料来源：1998 年之前的数据来自《新中国 50 年统计资料汇编》，1999～2020 年数据来自历年的《中国统计年鉴》（中国统计出版社），并经作者计算。

6.6　小　　结

1978～2020 年以省区为单元中国地区经济发展差距的演变呈现倒 "U" 形变化特征，其中从地区内部差距的演变来看，东、中部地区内省区差距都呈现缩小趋势，中国经济增长过程中呈现"俱乐部"趋同。就东中西部地区之间发展差距而言，1978～2020 年其呈现先扩大后趋于缩小趋势，并且是地区经济发展差异的主要贡献者。

　　本章通过对地区差距的演变过程、产业构成、地区构成的多角度的剖析，阐述了地区差距的演变不仅与第二、第三产业的产值的份额的提高存在密切关系，而且与第二、第三产业的集中度有莫大的关系，其已成为地区差距的主要原因。三大地区各自形成"富"与"穷"的俱乐部，地区内部的差距急剧下降，而东部沿海地区与中西部地区的差距却急剧扩大，这证明了东部沿海地区经济中心地位的形成对地区差距产生了巨大的影响。因此，改革以来的中国经济发展是逐渐形成以东部沿海地区制造业中心，西部地区慢慢沦为农业和其他初级产品的外围为主要特征。

　　本章的计算结果强烈地提示我们，出口导向型发展战略主导下的产业结构及其空间分布已经极大地影响了地区差距的变化。各地区产业结构调整的快慢及非农产业分布不均衡是地区差距形成的根本原因。因此，缓解地区差距的持续扩大的办法也应该从这两方面入手：即改变制造业份额过高的产业结构、改变非农产业的空间不均衡分布。改变非农产业的不均衡分布状况，努力实施"西部大开发"和"中部崛起"战略，大力扶持中西部工业发展，逐步将非农产业向中西部地区转移。同时，通过大力促进城市化进程，放宽户籍制度等措施促进劳动力向城市流动，大力发展生产性服务业，提高第三产业份额，使得国民经济结构更趋于合理。

第7章 中国劳动力流动、地区差距与区域协调发展

7.1 引　言

在前面的章节中我们通过一系列衡量制造业区位分布的指标，计算分析了改革开放以来中国制造业分布的变化趋势，我们发现，中国已经演变成为这样的一个产业布局：东部沿海地区成为制造业中心、中西部地区则沦为低效率的外围地区。同时我们还发现，非农产业向东部沿海地区集聚与第二产业产值份额的居高不下是地区间收入差距持续扩大的重要原因。

虽然我国大部分制造业已向东部沿海地区集聚，同时也有大量的农村剩余劳动力从东北、中西部地区转移至东部沿海地区。但中国的产业集聚水平并不高，城市化水平与中国改革开放以来持续快速的工业增长仍极不相称（Fujita et al.，2004）。根据第七次全国人口普查主要数据资料显示，2020 年中国农村人口达 5.1 亿人，占全国总人口的比例为 36.11%，其中全国农村总流出人口达到 2.86 亿人，占全部流动人口（3.76 亿人）的 76.3%，相较 2010 年总流出人口（1.46 亿人）增长 1.4 亿人，增幅近 1 倍。然而，2020 年第三

产业占 GDP 比重约为 54.5%，与发达国家历史上同等发展水平（以人均购买力平价 GDP 衡量）时期相比，其比重偏低，无论是就业占比还是附加值占比都要相差 10 个百分点以上，这说明中国城市化水平是滞后于工业化水平和经济发展水平的（钟粤俊，2020）。产业集聚水平不够高使得中国经济发展没有充分发挥其外部规模经济效应，许多城市因为规模太小而遭受了生产率的损失（Au and Henderson，2006a，2006b），产业集聚水平并未达到应有水平。

而当前中国所处的发展阶段与国际环境意味着发挥城市的集聚效应来带动工业发展将显得尤为重要。对外一体化的水平不断提高，使得沿海地区的地理位置愈发重要，中国东部沿海地区的集聚效应将得到进一步发挥。沿海周边地区由于毗邻巨大的港口和拥有较好的基础设施条件，从而可以大大节约其运输成本，以上地理优势自然使得东部沿海地区成为国际制造业首选之地。其次，在城市处于后工业化阶段，服务业将在产出中占到绝大多数，由于服务业（包括其中的生产性服务业）的"产品"大多都难以跨地区进行运输，而且服务业本身也需要多样性的服务品投入，因此城市发展中的规模效应更需要空间集聚（陈钊、陆铭，2008）。

集聚最基本的特征就是人口流动带来的集聚，劳动力要素的自由流动是产业集聚背后的重要力量之一。在中国，产业集聚与城市化，必然与中国农村劳动力转移联系在一起。中国过去 40 多年的高速经济增长，与其处在工业化和城市化的进程中有关。在城市化和工业化进程中，大量剩余的劳动力从传统落后的农业部门向城市转移，不仅可以带来资源要素配置效率的改善，而且可以产生巨大的集聚效应与规模经济效应，有利于劳动生产率的提高。当前，中国城市化进程严重滞后于工业化进程，城市化的滞后导致城市集聚经济效应难以发挥，造成产业结构调整缓慢和社会福利损失，进而制约结构转型和经济持续增长（Au and Henderson，2006a，2006b）。

　　在现实的经济中，劳动力往往不能实现自由流动。中国劳动力市场存在户籍制度限制、社会保障缺失等外生的市场障碍。无论从文化习惯、社会网络关系上，还是地方政府的制度安排上，劳动力跨区域流动时存在诸多障碍，最突出的问题是农民工在沿海地区的养老、子女入学、医疗保障等都受到当地政府的歧视。因此，劳动力完全流动性的大小将影响产业集聚效应与本地市场效应，从而影响经济体经济效率。长期以来存在的城乡分割政策，不仅严重阻碍了劳动力等生产要素的流动，阻碍了经济效率的提升，而且严重影响了城乡间和城市内部间的社会融合（陆铭等，2011）。因此，城乡分割到城乡融合的政策调整对经济发展及经济效率提高具有一般意义。一方面，经济结构转变和农村劳动力流动是由经济部门之间的劳动生产率差异所导致，劳动力从农村向城市的流动将有助于经济的发展和经济效率的提升；另一方面，经济集聚效应与经济发展的互动，尤其是人与人之间近距离的互动产生的"学习"效应对于经济发展的推动作用是不可忽略的。

　　本章沿用陈钊、陆铭（2008）城乡分割政策内生决定机制的研究思路，构建了一个城市化和经济发展的政治经济学理论模型。本模型继续以城市偏向政策作为研究的出发点，将城市偏向政策目标界定为城市户籍居民的利益最大化。本章在新经济地理学框架下，通过引入资本的外部性、劳动力集聚的规模效应，建立了一个"二元"经济两部门扩展模型，模型揭示了城市化进程、经济发展、城乡收入差距以及城乡分割政策的内在机制，从理论上说明城市偏向政策对劳动力要素配置的扭曲必然阻碍经济效率的提高，将不利于城乡经济的协调发展。

　　与其他文献研究不同的是，本章模型在新经济地理学的"中心—外围"模型的基础上，重点从经济集聚效应的视角研究城市化进程、经济增长与城乡差距的内在机制，试图在此两部门模型基础上结合政治经济学（利益集团竞争博弈）机制，刻画经济增长、城市化及城乡政策的内生过程。本章模型不仅反映了经济结构的转变，即城市化进程对经济增长的作用，而且刻画了农村进城的移民在城市积累着资金外部性、知识的外部性等劳动力集聚效应，这也是城市化推动经济增长的非常重要的机制。

基于上述思路，本章其余内容结构安排如下：第二部分对有关劳动力流动、城市化问题的相关文献进行回顾；第三部分是具体的理论模型；第四部分是讨论城市化、经济增长、城乡差距和城乡分割政策的内生变化过程；最后是结论和政策含义。

本章首先以一个中心—外围模型为基础，建立一个包括农村部门和城市部门的两部门模型，用以解释经济体中劳动力流动、产业集聚与两部门经济效率之间的相互作用机制，来揭示劳动力流动对经济效率的影响，从而在理论上说明劳动力市场的分割对劳动力要素配置的扭曲，将必然阻碍经济效率的提高，同时也不利于区域经济的协调发展。然后，我们采用泰勒和威廉姆森（Taylor and Williamson，1997）的方法，以人口普查和抽样调查数据为依据，对我国劳动力流动对区域差距的影响进行实证分析。

必须说明的是，本章的模型是在陆铭、陈钊（2008）政策内生决定机制的模型基础上演变而来的，本章将新经济地理学模型与此模型相结合，讨论劳动力流动、经济效率与区域协调发展的政策战略选择。

7.2　理论基础

在经济领域研究中，城市化问题一直是发展经济学、城市经济学和经济地理学研究的重点。近年来，相关学科的交叉融合和中国经济现实土壤为研究城市化问题提供了新视角与新领域。针对本章涉及的主题，本章主要从两方面进行简要述评，首先是对城市化机理的综述；其次是对运用有关理论研究中国城市化问题的适用性进行探讨。

通过对相关学科文献的归纳分析，城市化机理研究可以归结经济结构转变和空间集聚两个维度（刘雅南等，2013）。前者主要集中于发展经济学与增长理论研究。经济结构转变主要是由于不同经济部门的生产率之间存在差异（Acemoglu，2009）所引起的，当技术进步的发展促使农村劳动力向更高生产效率的城市迁移时，城市化与工业化的二元经济结构转变必然联系在一起，城市化过程与二元结构转变过程反映了社会经济发展的重要机制。早期发展经济学关于城乡劳动力流动的城市化理论是建立在刘易斯模型（Lewis，1954）基础之上的，此后，哈里斯和托达罗（Harris and Todaro，1970）提出的二元经济劳动力迁移模型成为分析发展中国家城乡劳动力迁移的一种标准研究范式。在他们提出的二元经济理论中，劳动力流动、传统农业与现代经济的长期并存得到了诠释，但他们只是将城市经济发展简化成了一个外生的资本积累的过程。随着 20 世纪 80 年代后期内生经济增长理论的兴起，经济发展与城市化研究加速实现了交叉融合，更多结构转变问题的深入研究开始在内生增长模型的框架下讨论，其中卢卡斯（Lucas，1988）在其城市化理论中，讨论了来自农村的移民在城市中积累着人力资本，人力资本积聚则形成了内生经济增长机制。

基于经济空间集聚效应的视角是城市化机理研究的另一个方向，它主要集中在新经济地理学框架下。总体而言，集聚效应两大动因可归纳为外部性和不完全竞争（Fujita and Thisse，2002），由于城市经济的要素集聚的规模效应和外部性，且其集聚力量存在着自我强化的机制，因此城市化带来要素集聚效应已经成为经济增长的引

擎。研究表明，在城市生活的劳动力将获得更多的人力资本积累
（Black and Henderson，1999；Glaeser and Mare，2001），并且城市
人口密度的增加也的确能够提升劳动生产率（Rauch，1993；Ciccone
and Hall，1996）。在经济活动和人口的不断集聚的城市化过程中，中
国劳动生产率同样得到了显著的提升（Au and Henderson，2006a；范
剑勇，2006，2008）。

　　基于经济结构转变和集聚效应的城市化机理研究虽然加深和拓
宽了我们对城市化的理解，但是这些文献均没有足够重视在城市内
部持续存在的社会分割的影响。中国存在户籍制度，绝大部分进城
务工的农村劳动力并未获得真正的"市民"身份，无法享受与城市
户籍居民同等的各种社会保障和公共服务。在这种户籍制度相伴随
的社会分割的背景下，农村劳动力向城市转移存在着无法忽视的转
移成本，劳动力要素流动受到阻碍，这不仅影响了城市化进程和城
乡协调发展，并且造成了社会整体效率的损失。

　　陆铭等（2011）认为，中国城市化过程中出现的问题和现象不
能简单地套用传统的刘易斯模型来理解，而必须在刘易斯基础上结
合马克思的政治经济学分析方法来研究。因此，基于城乡分割的政
治经济学城市化理论对中国内部城乡分割、农村劳动力流动问题具
有较强的理论解释力。陈钊与陆铭（2008）不仅从理论上阐述了城
乡分割政策在动态的城市资本积累与劳动供求关系变化过程中的内
生变化，并且借助于这一城市决定的城乡分割政策内生机制，对中
国城市化进程、城乡经济增长与城乡工资差距的变化趋势提供了解
释。刘晓峰等（2010）在陈钊与陆铭（2008）的基础上，将内生的
政策变迁纳入城市化和城市发展理论之中，并生动地刻画了城乡收
入差距的变化和城乡分割政策的内生变化过程。以上基于城乡分割
的政治经济学分析虽然对于研究城市化、社会融合和经济增长具有
一般意义，但这些模型中的经济增长和城市化进程本身均依赖于一

个外生的资本积累率（陆铭等，2011），并且忽略了城市化过程中劳动力在城市集中所产生的集聚效应，尤其是知识在人与人之间生产和传播中的"学习"效应。

本章沿用了陈钊与陆铭（2008）的新政治经济学研究路径，在两部门模型基础上引入一个城市倾向的经济政策的决定机制，并结合农村劳动力向城市迁移中产生的集聚规模效应，试图解决经济增长、城市化及城乡分割政策的内生机制问题。同时本模型也兼论了收入差距问题，基于城乡分割政策下的"半城市化"现实背景，考虑城市户籍居民与外来迁移者身份的差异性，通过导入农村劳动力的迁移成本，理论模型较好地解释了城市化过程中城乡收入差距扩大的问题。

7.3　理 论 模 型

7.3.1　模型的基本假设

假设经济体是一个二元经济体，经济体由城市部门和农村部门组成。其中城市部门只生产工业品，每个工业品生产企业采用相同的技术，但生产的产品存在一定的差异性，并且生产多样化的工业产品的企业具有规模报酬递增与垄断竞争的特征；农村部门则只生产单一的、同质的农产品，且农产品生产具有规模报酬不变与完全竞争的经济特征，并且假设农村部门单位农产品与城市部门单位工业品能实现自由交换，即单位农产品价格与单位工业品价格是相同的。在这个经济体中，资本、商品能完全自由流动（假设不存在运输成本），但劳动力从农村部门迁移至城市部门工作存在迁移成本。

假设农村初始人口总量为 L_{r0}，城市初始户籍人口总量被标准为1，为分析简便起见，假设总人口保持不变且每人拥有单位同质的劳动力。在时期 t，农村劳动力迁移至城市部门的数量用 $L_m(t)$ 表示。

7.3.2　农业部门生产

假定农村区域对农业产品的生产采用柯布—道格拉斯（Cobb - Douglas）生产函数，并且仅靠土地和劳动力两种投入，则第 t 期农村的产出可表示为：

$$Y_r(t) = B(t)(L_{r0} - L_m(t))^{\beta} S^{1-\beta} \qquad (7.1)$$

公式（7.1）中 $B(t) = B_0 e^{gt}$ 为农村部门的技术进步率，其中 B_0 是初始的生产率，g 是农业部门生产的技术进步率。S 是农业部门的耕地面积，并且假定其面积不变。$\beta(0 < \beta < 1)$ 是农业部门劳动的边际产出，假设农产品市场是完全竞争的，且地租收入完全由在农业部门工作的农村劳动力获得，同时假定农业部门的产出按农村部门劳动人数平均分配，为了简化，以农产品价格为计价单位，其价格标准化为 1，那么留在农村部门的劳动力的人均产出（收入）为：

$$w_r(t) = B(t)\left(\frac{S}{L_{r0} - L_m(t)}\right)^{1-\beta} \qquad (7.2)$$

7.3.3　城市部门生产

假定城市地区生产的都是具有差异化、规模报酬递增的工业产品。工业部门中的每个企业都是对称的，都使用相同的技术，企业从事生产时需要投入一定的固定成本，表明企业具有内部规模经济，即表明企业平均成本随产量的增加不断下降。工业品的生产技术采用基本的"干中学"模型假设。阿罗（Arrow，1962）首先提出了"干中学"模型的基本想法，他假设厂商的生产效率是过去生产经验（用累积投资总额，也就是资本存量表示）的函数，从而将技术进步内生化。罗默（Romer，1986）在生产函数中引入知识的生产，并假设生产函数作为知识和其他投入要素的函数具有收益递增的性质，从而经济可以存在长期的内生增长。巴罗和萨拉－伊－马丁（Barro and Sala-i-Martin，1995）把干中学模型和内生增长模型结合在一起，证明了在企业的知识是其自身的资本存量和全社会资本存量函数的情况下，资本的边际产品是劳动力总量的增函数，因而劳动力总量的增加存在规模效应，即它会提高人均资本和人均产出的增长率。

工业部门的产业集聚不仅产生规模经济效应，同时也存在阻滞效应。随着地区间的一体化进一步提高，地区的产业集聚状况将发生变化，此时阻滞效应开始显现。艾利森（Alyson，2003）认为伴随着城市部门的扩张，城市部门人口规模超过了其最适度人口规模，城市蔓延也就出现了。城市蔓延会造成资源消耗和生态环境恶化，导致城市集聚不经济。城市将投资引向城市外围的新区，会过度消耗城市和社会资源，经济效率就会下降。布拉克曼等（Brackman et al.，1996）将不同企业之间的拥挤效应引入新经济地理学模型当中，虽然没有考察城市内部的空间结构，但通过引入拥挤效应将经济中的分散力量纳入模型框架之中，修正了标准的新经济地理学模型。阿纳斯（Anas，2004）将城市内部空间结构纳入新经济地理学模型的框架，并考察了最优城市规模，模型的结论显示，随着城市总人口规模的增加，最优的城市规模不断缩小，即经济的集聚程度不断降低，最终会趋向于所有的经济活动将会完全地分散，每个企业将会单独地布局在一个地区，阿纳斯将此过程称为逆集聚（De-agglomeration）

过程。

因此，我们在垄断竞争的分析框架下讨论城市部门生产。尝试性地将城市内部空间结构和马歇尔规模经济效应同时纳入生产函数中，前者作为经济的阻滞效应引入，后者作为经济的集聚力量引入，以使模型更加符合经济现实。假定城市地区工业部门的代表性厂商的生产函数为：

$$\tilde{y}_u = y_u - F = K_j^\alpha \left(A_u l_j \right)^{1-\alpha} - F \tag{7.3}$$

式（7.3）中，$A_u = A_0 K^\phi$，其中 A_0 是期初的生产率系数，$\phi (0 < \phi < 1)$ 表示干中学效应的大小。K 是城市部门的资本总量，K_j 是代表性厂商 j 所雇用的资本存量，l_j 是代表性厂商 j 所雇用的有效劳动的总量。F 为厂商的固定成本，表明厂商的平均成本随产量的增加而不断下降，在此用于衡量厂商内部的规模经济。

由于厂商的技术水平相同，因此均衡时城市地区的所有厂商有着相同的人均资本存量，记为 k，此时资本的边际产品可表示为：

$$\frac{\partial y_j}{\partial K_j} = \alpha A_0^{1-\alpha} k_j^{-(1-\phi)(1-\alpha)} \left(L_{u0} + L_m \right)^{\phi(1-\alpha)} \tag{7.4}$$

由式（7.4）可见，在干中学情形中，资本的边际成本为城市地区有效劳动力总量的增函数。

1. 代表性厂商的成本函数

厂商成本最小化的选择问题为：

$$\min r K_j + w_u l_j \, s.\, t.\, A_0^{1-\alpha} K^{\phi(1-\alpha)} K_j^\alpha l_j^{1-\alpha} - F = \tilde{y}_j$$

解此成本最小化问题（推导过程参见本章的附录 1），可得厂商的成本函数为：

$$c(\tilde{y}) = r K_j^* + w_u l_j^* = A_0^{\alpha-1} \frac{1}{1-\alpha} \left| \frac{\alpha}{1-\alpha} \right|^{-\alpha} r^\alpha w_u^{1-\alpha} K^{-\phi(1-\alpha)} \left(\tilde{y}_j + F \right)$$

$$\tag{7.5}$$

其中，r 表示利率水平，w_u 表示城市地区工业部门的工资水平，可以看到，对每个地区的企业来说，边际成本是常数，记厂商的边际成本为：

$$mc(\tilde{y}) = A_0^{\alpha-1} \frac{1}{1-\alpha} \left| \frac{\alpha}{1-\alpha} \right|^{-\alpha} r^{\alpha} w_u^{1-\alpha} K^{-\phi(1-\alpha)} \qquad (7.6)$$

式（7.6）表明，城市中的单个厂商的边际成本与总资本存量呈负向关系，总资本存量越大，则边际成本越小，这正反映了资本外部性的作用。

2. 代表性厂商的利润函数、工业品价格及产量

代表性厂商的利润函数为：

$$\pi_j = p_j \tilde{y}_j - c(\tilde{y}_j) \qquad (7.7)$$

由垄断竞争理论可知，厂商的价格水平由边际成本和需求的价格弹性决定，如果我们假定每个消费者对任何两种工业品的替代弹性是 $\sigma = 1/(1-\gamma) \geq 1$（参数 γ 代表了消费者对工业品种类偏好的强度），由于不存在运输成本，那么消费者对工业品的消费需求就与消费者的地理分布无关，由此可以求得工业品的消费需求价格弹性均为 σ。

同时我们假定经济体中生产的农产品只能用于当期的消费，不能用于投资，而所有的工业品既可用于消费，也可用于增加资本存量，每单位工业品可以无成本地转换为 1 个单位的资本品，当某种工业品的价格最低时，所有的厂商都将购买此种商品作为投资品，但由于所有厂商的技术水平是相同的，并且没有运输成本，因此均衡时所有工业品的价格水平都相同，而所有厂商都存在同样的投资需求，并且对任意工业品的投资需求价格弹性均为 0。由于投资需求的价格弹性为 0，对工业品的总体需求价格弹性就等于消费者的消费需求价格弹性 σ。

　　由垄断竞争理论可知，厂商的价格水平由边际成本和需求的价格弹性所决定，即：

$$p_j\left[\frac{\sigma-1}{\sigma}\right]=mc(\tilde{y}_j)，或 p_j=mc(\tilde{y}_j)\cdot\sigma/(1-\sigma)\qquad(7.8)$$

　　将式（7.5）、式（7.6）与式（7.8）代入利润函数式（7.7）中，并根据垄断竞争条件下，市场均衡时厂商的利润为零，可以求出代表性厂商的均衡产量：

$$\tilde{y}^{\cdot}=F(\sigma-1)\qquad(7.9)$$

3. 城市部门的工资水平及厂商数目

　　根据式（7.9）、边际成本方程（7.6）以及资本的供需平衡方程（见附录2），可求出城市地区工业部门的利率水平 r、有效劳动的工资水平 w_u、厂商数目 n 及城市部门总产出 $Y_u(t)$（推导过程参见本章后的附录2）：

$$w_u=\frac{\sigma-1}{\sigma}(1-\alpha)A_0^{1-\alpha}K^{\alpha+\phi(1-\alpha)}(L_{u0}+L_m)^{-\alpha}\qquad(7.10)$$

$$r=\alpha\frac{\sigma-1}{\sigma}A_0^{1-\alpha}K^{-(1-\alpha)(1-\phi)}(1+L_m)^{1-\alpha}\qquad(7.11)$$

$$n=\frac{A_0^{1-\alpha}K^{\alpha+\phi(1-\alpha)}(L_{u0}+L_m)^{1-\alpha}}{F\sigma}\qquad(7.12)$$

$$Y_u(t)=n\cdot\tilde{y}^*=\frac{A_0^{1-\alpha}K^{\alpha+\phi(1-\alpha)}(1+L_m)^{1-\alpha}}{F\sigma}\cdot F(\sigma-1)$$

$$=\frac{\sigma-1}{\sigma}A_0^{1-\alpha}K^{\alpha+\phi(1-\alpha)}(1+L_m)^{1-\alpha}\qquad(7.13)$$

　　其中，K 为城市中的总资本存量，由式（7.10）可知，城市地区有效劳动的工资水平完全由总资本存量和城市的有效劳动力数量决定。由式（7.11）可知，当城市地区的总资本存量 K 一定时，城市的劳动力总量越大，则 r 越高，资本积累速度越快，因此劳动力由农村迁移到城市工作会促进经济增长。

4. 进城务工的农民工实际工资水平

随着城市化的发展，农村人口不断向城市部门集中，这将有力地促进资本的积累和工业品产出的增加，从而推动经济不断发展。然而，进城务工的农民工面临高房价、城市拥挤等问题，这将影响着进城务工的农民工的实际收入水平。由于进城务工的农民工无力支付高房价，加上户籍制度等制度限制，这些进城务工的农民工难以将其身份真正转换为城市居民，无法分享到许多排他性的公共产品，包括医疗、教育等。因此，他们进城务工存在一定迁移成本。为反映城乡迁移的成本，我们假设劳动力流动带来的总迁移成本为劳动力迁移规模的线性函数，表示为：

$$TC(t) = \xi \cdot L_m(t) \tag{7.14}$$

其中，ξ 为成本系数，即每个进城务工的农民工所承担的迁移成本损失。随着城市规模的扩大，公共品支出的增加使得城市政府制定的户籍制度趋于严格，因"户籍"歧视给进城务工的农民造成的总迁移成本损失也更高。因此，由于进城务工的农民工无法享受城市部门地区的有关福利保障，如住房、子女上学和公共医疗等条件的缺失，使得进城务工人员实际收入所得要小于其有效劳动工资水平，在此我们将进城务工的农民工的实际可支配工资收入记为 ω_m，那么：

$$\omega_m = w_u - \xi \tag{7.15}$$

5. 进城务工的农民工迁移决策

对于进城务工的农民工来说，其目的是实现收入最大化。进城务工农民工的迁移的决策选择是：

$$\max\{d_0(y)w_r + d_1(y)\omega_u\} \tag{7.16}$$

其中，y 为二值型决策变量，它代表着进城务工农民工的是否选择迁移。$y = 0$ 代表该农民工选择不迁移至城市，而是滞留在传统农村部门；$y = 1$ 代表该劳动者选择迁移并获得在城市部门工作的实际可获得收入。农村进城务工人员通过对比城市部门实际可得收入和农村部门工资的大小，确定自己的选择 d，即确定自己是留在农村部门，还是迁移至城市部门工作。

从长期来看，如果地区间劳动力流动是处于完全无障碍的理想状态，那么城市与农村部门的工资应保持相同。但事实上，无论从文化习惯、社会网络关系上，还是从地方政府的制度安排上，劳动力流动是存在较多障碍，属于不完全流动。进城务工的农民工有时会被克扣或拖欠工资、被城市管理部门征收各种费用，在养老、子女入学、医疗保障等受到当地政府的歧视，并且他们的劳动条件或劳动环境往往较差，考虑这些因素后，他们的实际工资 ω_m 是低于城镇部门人均工资 w_u 的。由农业部门劳动力的迁移决策式 (7.16) 可知，只要进城务工的实际所得大于农村的人均产出水平，就将继续有来自农村劳动力流入城市。因此，追求个人收入最大化的进城务工的长期均衡条件为：

$$\omega_m = w_r \tag{7.17}$$

6. 城市部门的资本累积方程

假设所有的农产品只用于当期消费，而所有的城市部门的生产的产品除用于消费以外，其余的全部作为新增投资，因此城市部门的资本积累过程为：

$$\dot{K}(t) = I(t) - \delta K(t) \tag{7.18}$$

其中，$I(t)$ 是城市第 t 期的投资；δ 是资本的折旧率，假设其为常数，且 $0 < \delta < 1$。

7.4　城乡分割政策的内在机制及其影响分析

7.4.1　城乡分割政策的内在机制

1. 城市部门户籍居民效用最大化问题

假设城市政策的制定是出于城市户籍居民的利益出发的。代表城市户籍居民利益的城市部门通过利用户籍制度、劳动力市场分割等不平等的政策控制农村劳动力流入的数量及选择最优的人均消费来实现跨期效用的最大化。假设第 t 期城市户籍居民的效用函数为 $U(C(t))$，且 $U'(\,\cdot\,) > 0$，$U''(\,\cdot\,) < 0$。

第 t 期城市部门户籍居民的人均消费水平为：

$$C(t) = Y_u(t) - I(t) - (w_u(t) - \xi(t))L_m(t) \tag{7.19}$$

根据式（7.13）、式（7.18）及式（7.19），我们可以得到城市部门居民的资本积累方程：

$$\dot{K}(t) = \frac{\sigma - 1}{\sigma} A_0^{1-\alpha} K(t)^{\alpha + \phi(1-\alpha)} (1 + L_m)^{1-\alpha} - C(t)$$

$$- \delta K(t) - (w_u(t) - \xi(t))L_m(t) \tag{7.20}$$

于是，城市居民的跨期效用最优化问题可表示为：

$$\max \int_0^\infty e^{-\rho t} U(C_t) \, \mathrm{d}t$$

$$\text{s. t. } \dot{K}(t) = \frac{\sigma - 1}{\sigma} A_0^{1-\alpha} K(t)^{\alpha + \phi(1-\alpha)} (1 + L_m)^{1-\alpha} - C(t)$$

$$- \delta K(t) - (w_u(t) - \xi(t))L_m(t)$$

$$L_m \geqslant 0, \quad K(0) = K_0 \tag{7.21}$$

定义现值汉密尔顿函数为：

$$H = U(C_t) + \lambda \left\{ \frac{\sigma-1}{\sigma} A_0^{1-\alpha} K(t)^{\alpha+\phi(1-\alpha)} (1+L_m)^{1-\alpha} - C(t) \right.$$

$$\left. - \delta K(t) - (w_u(t) - \xi(t)) L_m(t) \right\}$$

最大值原理的条件是:

$$\frac{\partial H}{\partial C} = U'(C) - \lambda = 0 \tag{7.22}$$

$$\frac{\partial H}{\partial L_m} = \lambda \left\{ (1-\alpha) \frac{\sigma-1}{\sigma} A_0^{1-\alpha} K^{\alpha+\phi(1-\alpha)} (1+L_m(t))^{-\alpha} \right.$$

$$\left. - B(t) \left(\frac{S}{L_{r0}-L_m} \right)^{1-\beta} - B(t) \frac{(1-\beta)L_m S^{1-\beta}}{(L_{r0}-L_m)^{2-\beta}} \right\} \leqslant 0$$

$$L_m \cdot \frac{\partial H}{\partial L_m} = 0 \tag{7.23}$$

$$\frac{\partial H}{\partial K} = \lambda \left\{ [\alpha+\phi(1-\alpha)] \frac{\sigma-1}{\sigma} A_0^{1-\alpha} (1+L_m(t))^{1-\alpha} K(t)^{-(1-\alpha)(1-\phi)} - \delta \right\}$$

$$= \rho\lambda - \dot{\lambda} \tag{7.24}$$

$$\lim_{t\to\infty} e^{-\rho t} \lambda(t) K(t) = 0 \tag{7.25}$$

由式 (7.23) 中互补松弛条件可知,如果城市部门初始的资本存量不足,则 $L_m(t)$ 不能取到内点解。$L_m(t)$ 为一分段函数,即:当 $t < t'$ 或 $K_0 < K_0'$ 时,$L_m(t) = 0$;当 $K_0 \geqslant K_0'$ 时,$L_m(t) > 0$,其中

$$K_0' = \left| \frac{\sigma}{(\sigma-1)(1-\alpha)} A_0^{\alpha-1} B_0 \left(\frac{S}{L_{r0}} \right)^{1-\beta} \right|^{\frac{1}{\alpha+\phi(1-\alpha)}} \tag{7.26}$$

当 $K_0 \geqslant K_0'$ 时,$L_m(t)$ 是以下方程的解:

$$(1-\alpha) \frac{\sigma-1}{\sigma} A_0^{1-\alpha} K^{\alpha+\phi(1-\alpha)} (1+L_m(t))^{-\alpha}$$

$$= B(t) \left[\left(\frac{S}{L_{r0}-L_m} \right)^{1-\beta} + \frac{(1-\beta)L_m S^{1-\beta}}{(L_{r0}-L_m)^{2-\beta}} \right] = g'(L_m)① \tag{7.27}$$

---

① 定义 $g(L_m) = B(t) \left(\frac{S}{L_{r0}-L_m} \right)^{1-\beta} L_m$。

当 $K = K_0'$ 时，$L_m = 0$，有 $(1 - \alpha)\dfrac{\sigma - 1}{\sigma}A_0^{1-\alpha}K^{\phi(1-\alpha)+\alpha} = g'(0)$；

当 $K < K_0'$ 时，$L_m = 0$，如果城市总资本存量 K 初始时比较少，那么

$$(1 - \alpha)\frac{\sigma - 1}{\sigma}A_0^{1-\alpha}K^{\alpha+\phi(1-\alpha)}(1 + L_m(t))^{-\alpha} < (1 - \alpha)\frac{\sigma - 1}{\sigma}A_0^{1-\alpha}K^{\alpha+\phi(1-\alpha)},$$

即农村劳动力流入将会拉低城市部门居民的工资水平；当 $K_0 \geqslant K_0'$ 时，$L_m(t) > 0$，将有农村劳动力流向城市部门。容易证明，$(1 - \alpha)\dfrac{\sigma - 1}{\sigma}$ $A_0^{1-\alpha}K^{\alpha+\phi(1-\alpha)}(1 + L_m(t))^{-\alpha}$ 为 K 的增函数，$g(L_m)$ 是 L_m 的增函数，即 $g'(L_m) > 0$，且 $g''(L_m) > 0$，$\displaystyle\lim_{L_m \to L_{r0}} g(L_m) = +\infty$。由此可以得出命题一。

命题一： 当城市的初始资本存量还比较少时，城市部门为了实现资本积累与自身利益的最大化，将会在其发展初期完全限制农村劳动力的流入。但随着资本存量的不断累积，来自农村的劳动力能够为城市的创造更多的产出，于是这种完全限制劳动力的政策将逐步放松，也就有越来越多的农村劳动力流入城市，直到资本积累达到均衡稳态。

以上命题与我国农村劳动力流动的规模和劳动力流动政策的演变过程是一致的。在 20 世纪 50 年代后期，我国确定了重工业优先发展的战略，这一战略的实施，直接导致了城市偏向制度安排的形成。在重工业优先发展战略下，各种经济资源集中在重化工业，而农业产品的价格则被人为地压低，同时，重化工业又由于使用资本密集型的技术，因此限制了劳动力需求的增长。于是，以户籍制度为基础的管理体制严重限制了农村劳动力的流入。改革开放以后，我国的工业尤其是制造业的空间分布发生了巨大的变化，东部沿海地区由于毗邻港口、政策优惠及对外出口战略等因素使得这些区域的资本总量迅速增加，工业实现了率先发展，同时又由于累积循环效应，这些区域不断取得快速发展，进而形成制造业中心，其余地区则沦为制造业不发达的农业外围区域，从而在空间上形成了新的

"二元结构"。产业集聚在东部沿海地区的形成，由于巨大的本地市场效应，将对劳动力等生产要素产生巨大的需求，从而引致大量的农村剩余劳动力向这些区域流动。

根据最优化问题的解，当 $t \geqslant t'$ 或 $K_0 \geqslant K_0'$ 时，由式（7.24）和式（7.22）可以得到城市人均消费的动态方程：

$$[\alpha+\phi(1-\alpha)]\frac{\sigma-1}{\sigma}A_0^{1-\alpha}(1+L_m)^{1-\alpha}K^{-(1-\alpha)(1-\phi)}-\delta-\rho=-\frac{\dot{\lambda}}{\lambda}=-\frac{U'(C)}{U''(C)}\dot{C}$$

$$(7.28)$$

由式（7.20）与式（7.28）可以得出曲线 $\dot{C}=0$ 与 $\dot{K}=0$：

$$[\alpha+\phi(1-\alpha)]\frac{\sigma-1}{\sigma}A_0^{1-\alpha}(1+L_m(t))^{1-\alpha}K(t)^{-(1-\alpha)(1-\phi)}=\delta+\rho$$

$$(7.29)$$

$$C(t)=\frac{\sigma-1}{\sigma}A_0^{1-\alpha}K^{\alpha+\phi(1-\alpha)}(1+L_m(t))^{1-\alpha}-\delta K-B(t)\left(\frac{S}{L_{r0}-L_m(t)}\right)^{1-\beta}L_m$$

$$(7.30)$$

根据以上两条曲线表达式，我们可以绘出城市部门资本和消费的相图，这与一般的拉姆齐（Ramsey，1928）增长模型相类似。如图7.1所示，当 $K_0<K_0'$ 时，$L_m=0$，如果农村的劳动力永远被禁止流入城市部门，那么稳态的资本与消费水平将由曲线 $C=\frac{\sigma-1}{\sigma}$

$A_0^{1-\alpha}K^{\alpha+\phi(1-\alpha)}-\delta K$ 与曲线 $[\alpha+\phi(1-\alpha)]\frac{\sigma-1}{\sigma}A_0^{1-\alpha}K^{-(1-\alpha)(1-\phi)}=\delta+\rho$

的交点 E_0 所决定。然而，事实上当 $K>K_0'$ 时，城市部门为实现城市居民效用水平的最大化，将会允许一部分农村劳动力流入城市部门，由此初始的 $\dot{C}=0$ 和 $\dot{K}=0$ 曲线会发生位置移动。其中曲线 $[\alpha+\phi(1-$

$\alpha)]\frac{\sigma-1}{\sigma}A_0^{1-\alpha}K^{-(1-\alpha)(1-\phi)}=\delta+\rho$ 将发生右移得到新 $\dot{C}=0$ 曲线，即

$[\alpha+\phi(1-\alpha)]\frac{\sigma-1}{\sigma}A_0^{1-\alpha}(1+L_m)^{1-\alpha}K^{-(1-\alpha)(1-\phi)}=\delta+\rho$。当 $L_m>0$

时，新的 $\dot{K}=0$ 曲线将位于 $C=\dfrac{\sigma-1}{\sigma}A_0^{1-\alpha}K^{\phi(1-\alpha)+\alpha}-\delta K$ 的上方，并且处处具有更大的斜率。同时我们可以证明，新的稳态点 E 点位于曲线 $\dot{K}=0$ 的最高点的左侧。由此可以判断，伴随农村劳动力流动的新的稳态均衡点 E 点必定位于 E_0 点的右上方，由此我们可以得出与陈钊与陆铭（2008）完全一致的结论。

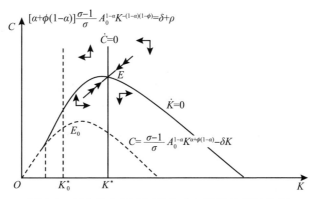

图 7.1　城市偏向制度下的资本与消费的相图分析

命题二： 允许一部分农村劳动力流入城市部门将会提高城市部门均衡的资本存量与人均消费水平。

城市部门在一定资本存量的基础上 $K>K_0'$，会允许一部分农村劳动力流入城市部门，因为这有助于城市部门的资本存量与人均消费水平实现持续增长，但是，城市部门出于城市发展的需要和对城市户籍居民的整体利益考虑，将不会放弃限制农村劳动者流动的控制政策，这是由于如果完全放弃城乡控制政策，将有可能损害城市部门户籍居民的工资水平与人均消费水平。

2. 不存在城乡分割政策下的城市居民工资水平与消费水平

在资本存量给定的情况下，如果城市部门完全取消城乡分割政策，那么流入城市务工的农民工的数量 L'_m 将必定大于存在城乡分割政策下的进城务工人数 L_m[①]，即 $L'_m > L_m$，由式（7.10）可知，完全取消城乡分割政策后城市部门户籍居民的工资水平将会出现下降。

如果城市部门完全取消城乡分割政策，那么城市部门代表性居民（包括进城务工的农民工）跨期效用最大化问题可表示如下：

$$\max \int_0^\infty e^{-\rho t} U(\tilde{C}_t) \, \mathrm{d}t \tag{7.31}$$

$$\text{s. t.} \quad \dot{\tilde{K}}(t) = \frac{\sigma - 1}{\sigma} A_0^{1-\alpha} K(t)^{\alpha + \phi(1-\alpha)} (1 + L'_m)^{-\alpha} - \tilde{C}(t) - \delta K(t)$$

$$K(0) = K_0 \tag{7.32}$$

其中，式（7.31）中的 $\tilde{C}_t$、$U(\tilde{C}_t)$ 分别表示在完全取消城乡分割政策的条件下第 t 期城市部门居民（包括在城市务工的农民工）的人均消费及效用函数，同样假设 $U'(\cdot) > 0$，$U''(\cdot) < 0$。式（7.32）为完全废除城乡分割政策下的人均资本累积方程。

为了应用最大值原理，定义汉密尔顿函数为：

$$H = U(\tilde{C}_t) e^{-\rho t} + \mu \left[\frac{\sigma - 1}{\sigma} A_0^{1-\alpha} K(t)^{\alpha + \phi(1-\alpha)} (1 + L'_m)^{-\alpha} - \tilde{C}(t) - \delta K(t) \right]$$

$$\tag{7.33}$$

$\tilde{C}$ 使 H 取得最大值的条件为：

$$U'(\tilde{C}_t) e^{-\rho t} = \mu \tag{7.34}$$

μ 满足的微分方程为：

$$\dot{\mu} = -\frac{\partial H}{\partial \tilde{K}} = -\mu \left\{ [\alpha + \phi(1-\alpha)] \frac{\sigma - 1}{\sigma} A_0^{1-\alpha} K(t)^{-(1-\alpha)(1-\phi)} (1 + L'_m)^{-\alpha} - \delta \right\}$$

$$\tag{7.35}$$

由此可求得 Euler 方程为：

---

① 在完全取消分割政策的情形下，城市居民的工资水平假设为 w'_u，L'_m 由均衡条件 $w'_u = w_r$，即 $(\sigma-1)/\sigma(1-\alpha) A_0^{1-\alpha} K^{\alpha+\phi(1-\alpha)} (1 + L'_m)^{-\alpha} = B \left(\frac{S}{L_{r0} - L'_m} \right)^{1-\beta}$ 决定。

$$\frac{\dot{\tilde{C}}}{\tilde{C}} = -\frac{U'(\tilde{C})}{U''(\tilde{C})\tilde{C}}\left\{[\alpha + \phi(1-\alpha)]\frac{\sigma-1}{\sigma}A_0^{1-\alpha}K(t)^{-(1-\alpha)(1-\phi)}\right.$$

$$\left.(1+L'_m)^{-\alpha}-\delta-\rho\right\} \tag{7.36}$$

人均消费水平和资本存量的动态积累方程为：

$$\dot{\tilde{C}}(t) = [\alpha + \phi(1-\alpha)]\frac{\sigma-1}{\sigma}A_0^{1-\alpha}(1+L'_m(t))^{-\alpha}K(t)^{-(1-\alpha)(1-\phi)}-\delta-\rho \tag{7.37}$$

$$\dot{\tilde{K}}(t) = \frac{\sigma-1}{\sigma}A_0^{1-\alpha}K(t)^{\alpha+\phi(1-\alpha)}(1+L'_m(t))^{-\alpha}-\tilde{C}(t)-\delta K(t) \tag{7.38}$$

我们可以通过相图来对比存在城乡分割政策下的与不存在城乡分割下的居民人均消费与资本存量水平的差异变化。由式（7.29）、式（7.30）与式（7.37）、式（7.38），分别可以在相图勾勒出城乡分割政策下与不存在城乡分割下的城市人均消费与资本存量水平的鞍点路径（见图7.2）。在稳态条件下，不存在城乡分割下的城市居民（包括进城务工的农民工）人均消费水平与资本存量水平均低于城乡分割政策下的相应水平。

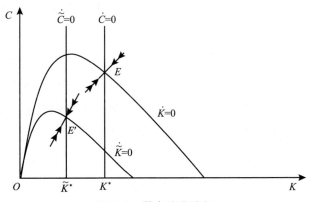

图 7.2　鞍点稳定路径

命题三：在总资本存量给定的情况下，完全取消城乡分割将降低城市户籍居民人均消费水平和工资水平。

在城市部门的资本存量有限的情形下，为了维护城市部门户籍居民利益最大化，城市部门必然会对农村劳动力的流动进行限制和管理。城市部门对农村劳动力的流动进行限制和管理的政策，一方面可以通过减少移民规模来维持较高的人均资本存量水平，同时又有利于城市部门通过压低外来农村劳动力的工资来获得更高的工资收入；另一方面可以使城市居民人均消费水平在短期内保持在较高水平。由于城乡收入差距的客观存在，并且城市部门完全限制农村劳动力流入的可能性越来越小，因此流入城市部门的农村劳动力规模必然变大，城市部门如果在短期内完全放弃城乡分割政策，那么不仅意味着城市户籍居民所能享有的公共服务将被更多人分摊，而且在短期内城市居民人均消费水平将趋于下降。因此，城乡分割政策主要是城市部门的政府出于保护城市户籍居民的利益而制定的，这种政策旨在维持本地居民获得较高的消费水平，但损害了外来移民者的利益，并且不利于全体社会福利水平的提升。

大量的农村劳动力流入，虽然带来资本外部性、劳动力市场池等集聚效应，城市部门的经济发展起到巨大的推动作用，但是也对城市户籍居民消费及工资收入产生了巨大的冲击。因此，出于本地居民利益最大化的城市部门政府，一方面允许外来的农村劳动力的流入，目的是增加城市部门产出，另一方面又将对外来农村劳动力采取一定的限制措施，意图是减少或避免外来的农村劳动力大量流入对城市部门户籍居民工资、消费带来不利影响。总之，城市部门对外来农村劳动力流动的政策变化过程是基于自身利益考虑的结果，这些外来的农村劳动力在这一阶段则成为相对的受损者（陈钊、陆铭，2008）。

7.4.2　城乡分割政策造成的影响

基于城市部门户籍居民利益最大化的城乡分割政策使得劳动力生产要素不能实现自由流动，不仅城市化进程遭到了阻碍，由此城市化给经济带来的效益也无法实现，而且在此过程中引致了各种问题和矛盾。

1. 导致城市化进程滞后、整体经济效率受损

在劳动力流动受不平等的城乡政策的控制之下，农村劳动力的迁移成本居高不下，且农村劳动力向城市部门转移的数量总是低于社会最优的转移规模。由式（7.27）可得式（7.15）中的 $\xi(t)$：

$$\xi = w_u - \omega_m = w_u - w_r = (1-\beta)\frac{B(t)S^{1-\beta}L_m}{(L_{r0} - L_m)^{2-\beta}} > 0 \qquad (7.39)$$

只要有农村劳动力流入，$\xi(t)$ 必大于零。于是，我们可以得到式（7.40），式（7.40）最右边一项是仍未转移的农村劳动力从事农业生产的劳动边际产出。

$$w_u(t) > w_r(t) = B(t)\left(\frac{S}{L_{r0} - L_m}\right)^{1-\beta} > \beta B(t)\left(\frac{S}{L_{r0} - L_m}\right)^{1-\beta} \qquad (7.40)$$

式（7.40）表明，在城市偏向制度下，均衡时留在农业部门的农村劳动力获得的人均工资仍要小于城市部门的本地居民的工资水平，但是，其人均工资要大于其边际产出。可是与城市部门相比，农业生产一般采取家庭为单位的小规模分散经营模式，又缺乏完善的公共品提供机制，农民向城市部门转移的决策依据是农村人均产出（而非边际产出）与城市的实际工资之比，因此，与经济社会最大化，即所有农民（包括进城务工的农民工）总收入最大化的劳动力转移规模相比，更多的农民留在了农村部门，这不利于提高农村人口的边际产出

和人均收入。同时这种农村劳动力流动不充分的状态也不利于城市部门发挥更大的集聚效应。长期来看，城乡分割政策使得劳动力未能实现充分流动，这必然阻碍城市化进程，也将损害整体经济效率。

在经济达到稳态之前，由于劳动集聚效应（"干中学"效应）与资本外部性，随着城市资本不断积累与进入城市的农村劳动力越来越多，劳动者边际产出将递增，即产生正的效应。虽然大量外来人口涌入城市也存在阻滞效应，如拥挤效应及交通成本随之上升，但是，在城市部门人口规模还未超过了其最适度人口规模之前，正的效应还是要大于其阻滞效应，此时，让农村劳动力流入对于城市部门而言也是更优的选择。与此同时，农村劳动力的流动也总是有利于提高农村人口的平均收入。也就是说，当城市部门的资本积累达到一定水平后，放弃城乡政策控制，减少农村劳动力的迁移成本，将对整个经济体有利。

我们将以上分析结论用来分析中国城市化进程，城乡分割政策不利于城市地区充分发挥集聚效应。城市随着产业的集聚和资本的不断积累，对劳动力需求在持续增长，但如果城乡分割政策持续存在，进城的农村劳动力由于受到户籍制度及地方政府的制度安排等因素的影响而得不到公正待遇，不能在养老、子女入学、医疗保障等方面与城市的本地居民享有同等的公共服务，那么农村劳动力就难以实现充分流动，使得城市地区过早地出现了"劳动力短缺"的现象，城市地区的集聚效应也就未能充分发挥。

2. 城市内部社会分割、城乡差距进一步扩大

城乡分割政策造成了城市内部的"二元"分割。容易证明，$d\xi/dL_m > 0$，即随着流入城市的农村劳动力不断增多，城市户籍居民的工资水平与外来进城务工人员所获得实际工资之间的差距将不断增大。政府采取限制农村劳动者流动的控制政策，将人为增加迁

移成本，从而压低农村劳动力进城务工人员的保留工资，也必然产生二者之间的工资差距持续扩大的严重后果，造成城市内部新的"二元社会"分割，加剧社会冲突的可能性，增加城市部门的非生产性消耗（陆铭等，2009）。

　　城乡分割政策造成城市部门与农业部门的工资差距持续扩大。由式（7.39）可知 $d\left\{\beta B(t)\left(\dfrac{S}{L_{r0}-L_m}\right)^{1-\beta}\right\}\Big/dL_m>0$，即由于农村劳动力不充分流动，使得更多剩余劳动力滞留在农村，从而压低农村的劳动边际产出与平均产出，同时进城务工的农民工的保留工资也被压低，因此，只要存在对劳动力流动的限制，城市的本地居民的实际工资与农村地区农民人均工资的差距悬殊的状况就无法改变，两部门的不平衡状况将更加严重。

　　在新经济地理学框架下，我们构建了一个"二元"经济两部门扩展模型。该模型突出特点是将新经济地理学模型与陈钊、陆铭（2008）建立的政策内生决定的机制模型结合起来，通过引入资本外部性、劳动力集聚规模效应，并基于城乡分割的政治经济学机制，对城市化、经济增长、城乡差距和城乡分割政策的内生变化过程进行了讨论。模型表明，城乡分割政策的存在使得农村劳动力流动被长期"锁定"在低水平均衡中，虽然这有利于城市居民在短期内获得较高的消费水平，但损害了外来移民者的利益，并且也使得社会福利水平无法实现最大化。城乡分割政策内生变化过程是基于城市部门居民利益最大化的结果，城乡分割政策的存在不仅扭曲了劳动力要素配置，导致城市化进程滞后，阻碍了经济结构转变和影响了集聚效应的充分发挥，从而使得整体经济效率受损，而且造成了城市内部新的"二元社会"分割，导致了城乡收入差距与地区差距不断扩大，不利于区域经济协调发展。

　　将这些结论运用到中国的现实中来。劳动力等生产要素的自由流动仍然受中国当前的户籍和土地制度的束缚,对劳动力等生产要素流动的限制,不仅使得城市集聚经济效应难以充分发挥,经济集聚度不高,城市规模与国际横向比较偏小(Henderson,2009),城市化滞后于工业化,而且还造成了城乡差距与地区差距的扩大以及城市内部的二元分割。然而,当前户籍制度改革和土地制度改革的最大障碍是城乡和区域间利益矛盾错综复杂,因此,改革者必须要打破利益特权的藩篱,从制度层面改革,如通过户籍制度、社会保障制度及土地制度等一系列政策改革,来推动城市化和城市体系的调整,而不能简单依靠行政手段来调节资源要素的流向。

城市偏向政策不利于东部沿海地区充分发挥集聚效应。东部沿海地区随着产业的集聚和资本的不断积累,对劳动力需求在持续增长,但如果城市偏向制度持续存在,进城的农村劳动力由于受到户籍制度及地方政府的制度安排等因素的影响而得不到公正待遇,不能在养老、子女入学、医疗保障等方面与城市的本地居民享有同等的公共服务,那么,这种流动将处于不充分的状态,从而使得沿海地区的现有的劳动力相对价格被人为抬高,外来的农村劳动力的工资待遇则被严重压低,从而导致城乡收入与区域差距持续扩大。在劳动力不能充分流动的情形下,沿海地区过早地出现了"劳动力短缺"的现象,城市的集聚效应未能充分发挥。因此,我们认为城市偏向的政策及劳动力跨区域流动的障碍是造成劳动力短缺的重要原因,从这一角度讲中国目前处于"刘易斯拐点"只是表面现象,其实质是由制度性因素引起的。

东部沿海地区与中西部地区之间日益扩大的差距,与其归因于经济集聚,不如说是城市偏向制度下的农村劳动力流动的不自由所致。从新经济地理学的分析框架来看,如果地区间劳动力流动是处于完全的无障碍的理想状态,则各地区之间的市场准入水平是相同的,而产业转移与集聚仅仅是一个数量调节的极端状况,地区间工资保持相同（范剑勇、张雁，2009）。从另一个角度看，如果农村劳动力在区域间流动更为自由，那么城乡间和地区间的收入差距的扩张速度就不会像现在那么快。一方面，劳动力流动更自由所产生的集聚效应会降低制成品的价格指数，同时东部沿海地区货币外部性中的制成品消费支出并不是完全由劳动力流入所致，其中有一部分是外国需求所致，因此，中西部地区劳动力流入将可能降低东部沿海地区的真实市场潜能，从而可以减缓东部沿海地区的工资水平上升幅度（范剑勇、高人元、张雁，2010）。另一方面，在现今劳动力市场分割状态下，流入城市的劳动力大多属于年轻力壮、能力较强及文化水平相对较高的人群，而未流动的则大部分属于年老体弱及文化程度不高的人群，一旦废除户籍制度等阻碍劳动力自由流动的制度障碍，那么举家迁移的家庭就更多，未流动的家庭就可以更多地分享内地的土地和资源，甚至实现农村土地的集约经营，这也将更有利于缩小城乡间的收入差距。大量的研究表明，中国总体收入差距主要表现为城乡差距和地区差距（Ravallion and Chen，2007；李实等，2008），并且省际层面的地区间差距又有 70% ~ 80% 可以由城乡间收入差距来解释（万广华，2006）。这说明，地区间收入差距主要表现为城乡间收入差距，在对城乡差距和地区差距的调控中，更重要的是对城乡间差距的调控，如果内地地区的农村收入水平有较大程度的提高，那么城乡间的收入差距有可能缩小，从而在很大程度上起到缩小地区差距的作用。

7.5 中国劳动力区域间流动对地区差距影响的实证分析

我们通过对以上分析可知，城市偏向的政策及劳动力市场分割造成农村劳动力流动的不充分，是城乡差距和地区差距不断扩大的重要原因。这说明了劳动力在区域间自由流动有利于缩小地区间的收入差距，因此，二者应该呈反向关系。从时间耦合性来看，20 世纪 90 年代以后，我国劳动力跨区域流动持续增强，相伴的是区域生产率差距和区域收入差距不断扩大，二者似乎存在很大的矛盾，因此很难简单判断劳动力迁移对地区差距的影响。

巴罗和萨拉－伊－马丁（Barro and Sala-i-Martin，1992）曾经指出，美国的州际数据表现良好的收敛性，但跨国的经济增长数据并不具有收敛的特征，他们分析其原因可能在于二者人口流动程度不同，美国内部州际之间人口可以自由流动，而跨国之间人口流动则存在较大的障碍。

由于地区之间的差距往往本身是劳动力流动的原因，地区差距越大，劳动力跨区域流动的规模可能会越大，劳动力区域间流动与地区差距二者存在互为因果关系，因此验证劳动力流动对地区差距的影响相对比较困难。一般的计量方法很难从经验上确认劳动力流动对区域差距的影响（姚仲枝等，2003；段平忠、刘传江，2005）。

泰勒和威廉姆森（Taylor and Williamson，1997）使用了一个技术方法解决了此难题。他们反其道而行之，尝试将问题反过来看，"如果没有劳动力跨区域流动，区域间经济收敛情况会怎样"，正是采用此种方法，他们对 1870～1910 年发生大规模移民的 17 个国家进行了研究，发现大规模移民对这 17 个国家人均 GDP 的贡献达到 50%，从而验证了人口跨区域流动对地区差距具有显著的收敛作用。

7.5.1　选取的方法

我们继续采用泰勒和威廉姆森（1997）的方法来估计我国劳

动力跨区域流动对地区之间差距的影响。作为生产者和消费者
"双重"角色的劳动力，其跨区域流动对区域经济发展将产生不
同的效应，一方面，劳动力跨区域流动不仅减少了流出地的人口同
时又增加了流入地的人口，即通过"分母"来影响地方人均 GDP
（樊纲，1995）；另一方面，劳动力作为重要的生产要素，将通过
生产来影响地区发展。可见，劳动力跨区域流动不仅会减少流出
地的人口和产出，而且同时也会增加流入地的产出和人口。由此，
人口对劳动力流动的弹性的大小将是决定劳动力跨区域流动对各
地区人均产出的影响因素之一。人口对劳动力的弹性主要取决于
人口跨区域流动的内部结构，它可以通过历年人口流动资料来估
计。劳动力跨区域流动对各地区人均产出的另一重要影响因素是
产出对劳动力流动的弹性。产出对劳动力的弹性则主要取决于生
产的技术结构，它也可通过对生产函数做适当的假定来进行估计。
为此我们设定生产函数为 $Y = f(\bar{A}, \bar{K}, L, \cdots)$，即假定产出变化
只取决于劳动力的变化，而诸如资本、技术、价格等其他条件都不
变，则：

$$\partial Y = F_L(L, \cdots) \partial L \qquad (7.41)$$

假设存在完全竞争的劳动力市场，那么劳动力工资等于劳动的
边际产出，即：

$$w = F_L(L, \cdots) \qquad (7.42)$$

式（7.42）中，w 表示劳动力工资。将式（7.40）代入式
（7.39），并两边同除以 Y，得

$$\frac{\mathrm{d}Y/Y}{\mathrm{d}L/L} = \frac{wL}{Y} = \alpha \left(\alpha = \frac{wL}{Y} \right)$$

$$令 Y^* = \frac{\mathrm{d}Y}{Y}, \ L^* = \frac{\mathrm{d}L}{L}, \ 则 Y^*/L^* = \alpha \qquad (7.43)$$

式（7.43）中，α 为产出对劳动力的弹性，也是总产出中劳动

力工资的份额。

假设累积人口净迁移比率（cumulative net migrationrate）为 m，总人口数为 Pop，则迁移人口为 $mPop$。同时假设劳动力人口占流动人口的比重为 α_M，并且有效劳动力占所有流动劳动力的比率为 μ（有效劳动力主要指以就业为目的的流动劳动力），那么人口流动中劳动力数量变化为：$\mathrm{d}L = \mu\alpha_M m \cdot Pop$。假设劳动力人口占总人口的比重为 α_P，则总人口中的劳动力数量为 $L = \alpha_P POP$。因此，人口流动导致的劳动力变化率为：

$$L^* = \frac{\mathrm{d}L}{L} = \frac{\mu\alpha_M}{\alpha_P}m = \beta m \left(\beta = \frac{\mu\alpha_M}{\alpha_P}\right) \qquad (7.44)$$

式（7.44）中，β 表示人口对劳动力流动的弹性。根据以上各公式，我们可以得到劳动力跨区域流动对人均产出影响的估计方程：

$$\log(Y/Pop) = Y^* - Pop^* = \alpha L^* - m = (\alpha - 1/\beta)L^* \qquad (7.45)$$

根据式（7.45），一旦估计出参数 α 和 β，我们就可以利用有关人口迁移的数据来估算劳动力区域流动对人均产出的影响效应。如果我们估算出劳动力跨区域流动对人均产出影响变化值，那么只要在现有的人均产出基础上抵扣这部分变化值，便可以求出未发生这部分劳动力流动的人均产出，进而可以计算未发生劳动力流动的地区差距。接着我们用发生劳动力流动时人均产出差距与未发生劳动力流动的人均产出差距进行对比，就能大致估算出劳动力跨区域流动对地区差距的影响效应。

7.5.2　数据来源和参数估计

为了估算劳动力流动对地区差距的影响，我们搜集了有关中国各省人口迁移、GDP 及人口总数的数据资料，其中主要来源于第四次全国人口普查资料、第五次全国人口普查资料以及《2015 年全国1% 人口抽样调查资料》及相关年份的各省统计年鉴。

1. 地区差距

由于省际 GNP 数据无法完整地获取,因此我们只有采用省际人均 GDP 数据来衡量地区差距。首先我们选用人均 GDP 的省际数据计算变异系数和基尼系数,其次按照前文中所阐述的传统的中国区域划分方法,将中国划分为东、中、西部三大区域,并以东部沿海地区、中部地区、西部地区三大区域之内部各区域人口为权重,分别计算出三大区域的人均 GDP,进而以此作为衡量地区差距的指标。其中,各省的总人口、人均 GDP 数据均来源于相关年份的各省统计年鉴。

2. 人口净迁移率

各区域人口净迁移率 m 可以用调查期间的各区域人口净迁移数量除以常住人口数来表示。其中,1990 年、2000 年各区域人口净迁移率由第四次全国人口普查资料、第五次全国人口普查资料中各省的跨省迁移数据综合计算得到;2015 年各区域人口净迁移率是由《2015 年全国 1% 人口抽样调查资料》中各省的跨省迁移数据按区域加总并按 1.325% 抽样比反推得到。

3. 人口迁移对劳动力流动的弹性

估算人口迁移对劳动力流动的弹性 β 需分步进行。首先,计算迁移人口中有效劳动人口份额 $\mu\alpha_M$。根据全国第四次、第五次人口普查长表数据和 2015 年 1% 抽样调查数据,我们估算各省的迁移人口中在业人口的比例,以此直接作为迁移人口中有效劳动人口份额 $\mu\alpha_M$;其次,估算总人口中从业人员的比例 α_P。我们可以根据各省份统计年鉴的总人口和从业人员数量，得到总人口中的劳动力人口份额；最后，按 $\beta = \dfrac{\mu\alpha_M}{\alpha_P}$ 的计算公式，可以估算出劳动力变化率对人口流动率的弹性的大小。

4. 产出对劳动力的弹性

产出对劳动力的弹性即劳动报酬在产出中的份额 α，是按照收入法核算劳动者报酬占 GDP 的比例来表示，即由各省的统计年鉴中劳动者报酬在 GDP 中的占比来表示。

7.5.3　结果分析

根据 m、α 和 β 的估计值，并按照式（7.43）计算出劳动力流动导致的人均产出变化率 $\log(Y/POP)$。然后我们依据此反推估算不存在劳动力流动情形下的各地区的人均 GDP 及变异系数，进而考察劳动力跨区域流动对地区差距的影响效应。

表 7.1 展示了计算结果，它列出了人口跨省流动率、劳动力流动前后的人均 GDP 的变异系数及变化率。首先我们看 1985～1990 年的劳动力流动对地区差距的影响。尽管此时期与过去相比，人口跨区域流动，尤其是劳动力跨区域的流动性大大增强，但人口的总体流动率和劳动力流动率依旧很低。劳动力流动变异系数降低了 2.2 个百分点，基尼系数降低了 0.74 个百分点。由此可见，尽管劳动力流动对地区差距的收敛作用很小，但还是存在影响的；第五次人口普查资料数据显示，2000 年全国跨省人口流动率为 3.32%，此时劳动力流动使各省人均 GDP 的变异系数降低了 6.54 个百分点，劳动力跨区域流动对地区差距的收敛效应明显；2000～2015 年期间，全国跨省人口的流动率虽有所减弱，达 3.15%，但劳动力流动

使各省人均 GDP 的变异系数降低了 9.29 个百分点，这说明劳动力流动对地区差距扩大的趋势起到了明显的缓解作用。

表 7.1　　　　　　　　　劳动力流动对区域差距的影响

年份	跨省流动率（%）	变异系数			基尼系数		
		不流动	流动	变动率（%）	不流动	流动	变动率（%）
1990	0.98	0.604	0.590	-2.20	0.272	0.269	-0.74
2000	3.32	0.799	0.746	-6.54	0.312	0.302	-3.31
2015	3.15	0.733	0.665	-9.29	0.406	0.367	-4.09
模拟	6	0.733	0.640	-12.65	0.406	0.358	-6.70

资料来源：根据笔者的计算得出。

泰勒和威廉姆森（1997）的研究是以大规模移民时代（1870～1910 年）为背景，在累积人口流动率高达 10% 的情形下，劳动力流动对 OECD 国家间人均 GDP 和实际工资收敛起了决定性的作用。由于户籍制度等城市偏向政策使得中国劳动力市场还处于相对分割状态，我国劳动力区域间流动还受到不同程度的限制，从而使其对地区差距收敛的作用无法得到完全地释放。为了更深入地探讨劳动力流动对地区差距的收敛作用效应，我们将劳动力流动规模与地区差距的关系作数值模拟。如果将中国 2000～2015 年的人口跨省流动率提高到 6%，并假定人口流向不发生改变（总体上由中西部流向东部地区），那么此时期的人均 GDP 变异系数将变成 0.64，此时变异系数相对于 3.15% 跨省迁移率时下降了 3.36 个百分点。由此可见，劳动力流动规模太小或者说限制劳动力自由流动是影响地区差距收敛的重要因素。因此，打破限制区域间劳动力流动的各种制度桎梏，鼓励中西部地区的农村劳动力向东部沿海地区迁移，是抑制当前东部沿海地区与中西部地区差距持续扩大态势的应时之举。

7.6 小 结

本章在新经济地理学框架下，构建了一个"二元"经济两部门扩展模型，该模型突出特点是将新经济地理学模型与陈钊、陆铭（2008）建立的政策内生决定的机制模型结合起来，通过引入资本外部性、劳动力集聚规模效应，并基于城乡分割的政治经济学机制，对城市化、经济增长、城乡差距和城乡分割政策的内生变化过程进行了讨论。模型表明，城乡分割政策的存在使得农村劳动力流动被长期"锁定"在低水平均衡中，虽然这有利于城市居民在短期内获得较高的消费水平，但损害了外来移民者的利益，并且也使得社会福利水平无法实现最大化。城乡分割政策内生变化过程是基于城市部门居民利益最大化的结果，城乡分割政策的存在不仅扭曲了劳动力要素配置，导致城市化进程滞后，阻碍了经济结构转变和影响了集聚效应的充分发挥，从而使得整体经济效率受损，而且造成了城市内部新的"二元社会"分割，导致了城乡收入差距与地区差距不断扩大，不利于区域经济协调发展。

将这些结论运用到中国的现实中来。劳动力等生产要素的自由流动仍然受中国当前的户籍和土地制度的束缚，对劳动力等生产要素流动的限制，不仅使得城市集聚经济效应难以充分发挥，经济集聚度不高，城市规模与国际横向比较偏小（Henderson，2009），城市化滞后于工业化，而且还造成了城乡差距与地区差距的扩大以及城市内部的二元分割。然而，当前户籍制度改革和土地制度改革的最大障碍是城乡和区域间利益矛盾错综复杂，因此，改革者必须要打破利益特权的藩篱，从制度层面改革，诸如通过户籍制度、社会保障制度及土地制度等一系列政策改革，来推动城市化和城市体系的调整，而不能简单依靠行政手段来调节资源要素的流向。

首先要解除束缚劳动力流动在制度上的桎梏，实现劳动力自由流动。消除城乡分割的经济政策，促进中国城乡劳动力的深入融合，实施全面的户籍制度改革与土地制度改革，积极推进城镇基本公共服务由主要对本地户籍人口向常住人口提供转变，实现公共服务的均等化，为劳动力进一步、充分流动创造条件。

其次要推动以人为本的城市化，充分发挥城市经济的集聚效应。在中国经济整体上步入工业化中后期，一些东部沿海地区的大都市进入后工业阶段之后，未来中国的经济增长将越来越依赖于经济的集聚效应和规模效应，城市化是中国经济保持可持续发展的必要的空间条件。因此，消除现有政策中对于人口在大城市集聚的阻碍作用，进一步发挥区域性中心城市的空间集聚效应，提高区域的集聚程度。这不仅有利经济的可持续发展，而且从长期看，也有利于区域和城乡差距的缩小。在实证分析中，我们也证实了这一点。

我们通过沿用泰勒和威廉姆森（1997）的方法，实证分析了我国农村劳动力跨区域流动对区域差距的影响。结果发现，倘若不存在劳动力区域间的流动，区域经济的差距将更大，中国当前大规模的劳动力跨区域流动对区域间差距扩大的趋势起到了明显的缓解作用。因此，打破限制区域间劳动力流动的各种制度桎梏，鼓励中西部地区的农村劳动力向东部沿海地区迁移，是抑制当前东部沿海地区与中西部地区差距持续扩大态势的应时之举。

本 章 附 录

附录 1

城市部门代表性厂商成本最小化问题：

$$\min_{K_j, l_j} rK_j + w_u l_j, \quad \text{s. t. } A_0^{1-\alpha} K_R^{\phi(1-\alpha)} K_j^{\alpha} l_j^{1-\alpha} - F = \tilde{y}_j$$

其中，r 为资本的利率水平，w_u 为城市部门的本地居民的劳动力工资水平，解此成本最小化问题，可得到厂商对资本与劳动力的需求函数：

$$l_j = A_0^{\alpha-1} \left| \frac{\alpha}{1-\alpha} \frac{w_u}{r} \right|^{-\alpha} K^{-\phi(1-\alpha)} (y_j + F)$$

$$K_j = A_0^{\alpha-1} \left| \frac{\alpha}{1-\alpha} \frac{w_u}{r} \right|^{1-\alpha} K^{-\phi(1-\alpha)} (y_j + F)$$

利率和工资水平之间的关系为：

$$\frac{r}{w_u} = \frac{\alpha}{1-\alpha} \frac{l_j}{K_j}$$

由此可以得到厂商的成本函数，即书中的式（7.5）。

在垄断竞争条件厂商的利润函数为：

$$\pi_j = p_j \tilde{y}_j - c(\tilde{y}_j)$$

由垄断竞争理论可知，厂商的价格水平由边际成本和需求的价格弹性决定，并且消费者对工业品的消费需求价格弹性均为 σ，因此，在垄断竞争条件下，厂商最优定价策略为：

$$p_j = mc(\tilde{y}_j) \cdot (\sigma - 1)/\sigma$$

即书中的式（7.8）。

长期均衡下垄断竞争的厂商的经济利润为零。将上式代入利润函数中，并令其等于零，可得均衡产出水平：

$$\tilde{y}_j^* = F(\sigma - 1)$$

即书中的式（7.9）。

在均衡产出水平条件下，城市部门代表性厂商对资本和劳动的均衡需求分别是：

$$l^* = A_0^{\alpha-1} \left| \frac{\alpha}{1-\alpha} \frac{w_u}{r} \right|^{-\alpha} K^{-\phi(1-\alpha)} F\sigma$$

$$K_j^* = A_0^{\alpha-1} \left| \frac{\alpha}{1-\alpha} \frac{w_u}{r} \right|^{1-\alpha} K^{-\phi(1-\alpha)} F\sigma$$

对资本的总需求由单个厂商对资本的需求和地区厂商数量决定，因此可以求出各区域对资本的总需求：

$$K = nK_j^* = \frac{1+L_m}{l^*} K_j^* = \frac{\alpha}{1-\alpha} \frac{w_u}{r} (1+L_m)$$

附录2：城市部门居民的工资水平、利率水平及厂商数目

由利率与工资水平的关系方程与均衡时厂商对资本和劳动的需求方程可以求资本利率表达式：

$$r = \alpha (1-\alpha)^{-1} (1+L_m) w_u / K$$

由于将工业品价格标准化为1，由式（7.8）可知两地区工业品边际成本 $mc(\tilde{y}_j) = (1-\sigma)/\sigma$，把这一条件代入式（7.6）中，并结合对资本的需求条件（附录1）、利率表达式（附录2），一共5个方程可以确定均衡的利率、有效劳动工资和厂商数目即 w_u、r、n，即书中的式（7.10）、式（7.11）与式（7.12）。

第8章　主要结论及政策建议

本章就全书的主要研究结论作一概括，指出进一步研究的方向，并对相关问题提出政策建议。

8.1　主 要 结 论

劳动力流动与地区收入差距是个极具现实意义的研究论题，本书在新经济地理学的框架下探讨劳动力流动、产业集聚与地区收入差距之间内生性关系，梳理这三个变量之间的作用机理。我们借助于新经济地理学的空间均衡模型，从产业集聚的角度出发，试图建立劳动力流动、产业集聚与地区差距的空间均衡模型。并运用理论分析结果，对中国劳动力流动所产生的产业集聚及其地区收入差距进行解释。

在上述思路下，本书试图回答以下几个问题：一是改革开放以来，中国沿海地区与中西部地区差距的内在空间机制是什么？或者说，产业空间分布是否对地区差距产生影响？二是劳动力流动与产业集聚是否存在——对应的关系？其内在的作用机制是什么？三是劳动力跨区域流动与地区差距的关系如何？或者说，劳动力从欠发达地区向发达地区迁移，是否如新古典理论预言的那样，经济将必定趋于收敛？

通过上述研究，本书的主要研究结论如下。

（1）通过对中国制造业各行业空间分布状况与区域制造业集聚状况的现状分析和历史考察，我们发现：制造业各行业的区位分布发生了巨大的变化，中国制造业呈现出非常显著的空间集聚现象，绝大部分制造业已向沿海、沿江地区集聚，中国沿海和内陆的空间二元分布结构表现出明显的趋势。

从集聚的行业来看，知识技术密集型行业集聚程度最高，其次是资源密集型行业与出口型的、劳动密集型的行业，最后是运输成本较高、市场分割较为严重的行业。这说明产业集聚是市场作用内生的结果。

产业集聚在带来经济发展的同时，也加剧了地区的发展的不平衡。经济发展的严重失衡最终会影响经济发展的效率。因此，如何强化增长极的扩散效应，缩小地域经济发展的差距，已成为产业集群发展过程中亟待解决的重要问题。

（2）通过对劳动力流动对集聚所产生的正负效应分析，将外部规模效应和城市拥挤成本同时纳入新经济地理学模型的框架之中，构建了一个空间均衡模型。模型的结论表明，劳动力区间的流动对集聚的影响主要是通过"金融"外部性与外部规模经济效应等集聚力量和城市拥挤成本分散力量之间的相互作用而显现出来。在一个两区域、两部门经济体中，一个小的经济波动引起了地区收入差距的不平衡，从而引发劳动力的流动。由于存在"金融"外部性，劳动力的流动又引起循环累积效应，导致较大规模的集聚。当集聚达一定程度后，随着城市的总人口规模的增加，城市内部的拥挤效应等分散力显著增强，又将降低集聚程度。

即使在地区间运输成本为零（$\tau=0$）的条件下，只要外部规模经济效应足够强，经济也可能走向集聚。因此说明随着经济发展和技术进步，即使地区间的运输成本不断降低，经济也不一定会趋于分散。总而言之，劳动力流动与产业集聚存在一种正反馈的内在关系。

（3）通过对中国区际劳动力流动规模与流向的分析，我们发现，改革开放以来（尤其是 20 世纪 90 年代确立市场经济体制之后），中国区域间劳动力流动规模不断扩大。从地域流向来看，区际劳动力流动集中表现为由中西部地区农业部门流向东部沿海发达地区的非农业部门。农村劳动力流动存在两个不均衡：一是从流出地来看，主要集中在人口较为密集的中部地区和西南地区，而且这些地区的农村劳动力的跨省流动已成为跨区域流动的主力军；二是从流入地看，主要流向经济发达、产业集聚的沿海地区，因此，沿海地区产业集聚吸引中西部农村劳动力的流入，反过来，中西部农村劳动力流入又进一步增强了沿海地区产业集聚，两者是一种相互促进的关系。最后，我们以人口密度、FDI 流入量、各省的农村劳动力流入量、对外开放度分别衡量市场规模、地理位置差异、劳动力要素流入与经济政策，发现在控制其他变量的情形下，劳动力跨区域流动对流入地省份的第二产业集聚与就业增长有显著的影响作用。这证明了前面模型得出的劳动力流动与集聚存在正反馈关系的结论。

（4）通过对地区差距的演变过程、产业构成、地区构成的多角度的剖析，我们发现，地区差距的演变不仅与第二、第三产业的产值份额的提高密切相关，而且与第二、第三产业的集中度存在紧密联系，其中非农产业空间不平衡分布是地区差距扩大的主要因素。这提示我们，非农产业空间不平衡分布与非农产业的高产值份额，尤其是第二产业的高产值份额是地区差距形成的最主要的结构性原因。

（5）通过建立了一个以"中心—外围"模型为基础的两区域经济增长模型，分析农村劳动力跨区域流动对经济效率和地区经济差距的影响。模型的结果表明，城市偏向政策与劳动力市场分割制度，不仅扭曲了劳动力要素配置，阻碍了经济效率的提高，而且导致了城乡收入差距与地区差距的不断扩大，不利于区域经济协调发展。

当城市部门的资本积累达到一定水平后，放弃城乡政策控制，实现农村劳动力区域间自由流动，可以实现城市与农村的经济发展"双赢"，达到整体经济的"帕累托"改进。在达到稳态之前，由于技术的外部效应（"干中学"效应）与企业内部规模效应，随着城市资本不断积累与进入城市的农村劳动力越来越多，劳动者边际效应将递增，即产生正的效应。同时，大量外来人口涌入城市也存在阻滞效应，如拥挤效应及交通成本随之上升，但是，在城市部门人口规模还未超过了其最适度人口规模之前，正的效应还是要大于其阻滞效应，即农村劳动力的流入将对整个经济体有利。

如果农村劳动力向城市转移存在的制度障碍不予以废除，那么城市的本地居民的实际工资与农村地区农民人均工资的差距还将可能持续扩大。而这种差距的不断扩大，也会对经济造成经济效率的损失。因此，从某种意义上说，减少劳动力市场分割既有利于促进经济增长又有利于实现区域协调发展，只有改变政策的城市偏向性质，这种劳动力市场分割的局面才可能根本扭转。

劳动力跨区域流动短期内不一定会使地区差距缩小，这主要取决于资本的外部性、外部规模经济效应与拥挤成本之间的力量对比。当发达地区城市人口规模远低于其最适度人口的情形，也就是城市拥挤成本还较少、资金外部性相对较大的情形下，落后地区的劳动力跨区域转移为发达地区工业部门提供了必需的劳动力供给，促进了城市产业的集聚。伴随着这种集聚效应不断增强，落后地区的农业剩余劳动力转移也有利于改善当地资源的配置效应，从而实现经济总体的帕累托改进。但由于工业部门的生产效率要高于农业部门，因此劳动力的跨区域流动在初始阶段将拉大地区间的收入差距。

然而，当发达地区城市部门的人口达到一定的规模时，城市蔓延现象日益严重，拥挤成本不断上升。产业集聚到一定程度后，诸如非贸易品价格居高不下、环境污染等拥挤效应将超过引向集聚的资本外部效应，从而导致城市部门的经济效率迅速下降，于是城市部门的人均收入开始下降，与此同时，原外围农业落后地区将承接一部分转移过来的产业，开始实现工业化起飞并与原制造业中心实现有效的产业分工协作。此时，原外围的农村地区的资源配置将进一步得到改善和优化，经济效率将不断提高，这种此消彼长的趋势使区域间收入差距呈缩小趋势。因此，从长期来看，劳动力跨区域流动必将导致地区差距收敛。

（6）通过运用泰勒和威廉姆森的方法，实证分析了我国农村劳动力跨区域流动对区域差异的影响，我们发现，倘若没有劳动力跨区域流动，区域经济的差距会更大，其原因一方面是由于东部沿海地区的农村也存在农业剩余劳动力，当这一部分农村剩余劳动力转移至当地的非农业部门，同样可以实现资源的优化配置，促进当地的经济发展，而且，一旦不存在劳动力的跨区域流动，它们有可能获得更高的工资报酬。另一方面，中西部地区将仍然存在大量的农村剩余劳动力，然而这些地区的制造业在不断相对萎缩，这将使得大量的农村劳动力无法转移至非农业部门，也就是经济资源配置无法得到改善，经济效率也就无法提高，那么，就可能出现"富者愈富、贫者愈贫"的状况。因此，我国农村劳动力跨区域流动是缩小东部沿海与中西部地区差距的有效途径。然而目前的劳动力跨区域流动还不足以缩小现存的地区差距，甚至也无法扭转区域差距扩大的趋势，产生这种现象的原因更多可能是劳动力流动受到限制所致。因此，劳动力跨区域流动是一种"泽富济贫"的双赢之举。清除区域间劳动力流动的障碍，降低劳动力流动的成本，加快劳动力流动的速度，对于流出地和流入地的经济发展都具有重要的意义。

8.2　政 策 建 议

根据本书的实证分析来看，经济集聚对于中国当前的总体经济增长有着显著的促进作用，劳动力向沿海地区流动将仍是劳动力流动的主要形式，并将持续一段时间。从这个意义上，在现阶段，劳动力流动、产业集聚的趋势还不可逆转。有国际的横向比较研究证明，中国的工业集聚程度并不高，城市化水平大大滞后于工业化水平和经济发展水平（路江涌、陶志刚，2006），城市规模差异明显低于其他国家（Fujita et al.，2004），中国城市化水平与中国改革开放以来持续快速的工业增长极不相称（陈钊、陆铭，2008）。而事实上，即使是在日本和法国这样的发达国家，经济向大都市周围集聚的步伐仍然没有停止。但是，经济集聚对不同地区的作用效果存在差异。作为经济中心的东部沿海发达地区，由于规模经济效应、较大的外部市场和较高的人口密度，从而可以享受到经济活动的集聚所带来的巨大空间外部性，无疑是最大"赢家"。因此经济的进一步集聚也必然会在短期内导致地区差距的进一步扩大，而收入差距的扩大则可能对中国经济的增长产生负面影响。因此，如何在充分发挥经济集聚对于经济增长的积极效应的同时，实现地区间协调发展，将地区差距控制在合理的范围内将是中国未来区域经济发展面临的一个巨大的挑战（陆铭、陈钊，2008）。

（1）加快国内市场一体化进程，减少地方保护。顺应当前产业跨区域集聚的趋势，迅速实现高水平的一体化，才能缩短产业的地区聚集的阵痛期，加快产业转移时刻的到来，有效地促进产业在东、中、西部地区重新布局，即实现沿海地区的产业升级、转移与中西部地区的产业承接。从更长远的时间趋势看，东部沿海地区将形成特大型都市圈，随着产业结构的优化升级，必然将发展成以现代服务业为主的产业结构，制造业应当、也只有转移到东北地区、中西部地区才是合理的选择，而这一切取决于国内高度一体化的统一大市场的建立（范剑勇，2008）。

建立全国统一大市场，一方面有助于实现我国产业结构的高效配置和产业整体竞争力的提升，从而发挥中国经济发展的规模优势，进一步促进中国经济的总体增长。另一方面，有利于区域经济在一个公平的宏观经济环境和条件下发展，为各地提供一个平等的机会，使其更好地扬长避短，发挥地区优势。

减少地方保护，鼓励市场竞争，不仅可以诱导各个区域调整产业结构，重视发挥比较优势。而且可以促使企业降低生产经营成本，提高产品质量，加强关联，加快技术创新步伐，从而使企业具有更强的自生能力，有利于地区产业的可持续发展。

因此，加快国内和国外市场一体化建设步伐，鼓励省际经济合作和市场竞争，减少地方保护是实现我国区域协调发展的关键。首先，中央政府应该加大落后地区的基础设施建设，尤其对交通和信息工程的资本投入，搭建区域之间的信息传递和沟通平台，缩减地区间的地理距离从而扩大空间上的市场需求潜力，带动区域与外部市场的一体化（赵永亮、才国伟，2009）。交通运输方面，重点建设以铁路为骨干、以公路特别是高速公路为主体的交通运输网络，充分利用水运，发挥管道、航空等不同运输方式，逐步形成连接沿海与内地的大众捷运交通体系。信息工程方面，应大力开展信息基础设施的建设，选择重点地区和城市，以线串点、以点带面，以城市信息基础设施建设为核心逐步向农村及边远地区辐射，带动整个区域信息产业发展。充分信息时代的新技术，降低因地理位置的不利所产生的距离成本，弱化运输成本的重要性，加速信息成本分散力的作用，实现信息时代的后发优势。

其次，通过加速市场化体制的推进，减少政策限制和壁垒导致的资源扭曲，使得要素和产品需求在空间上合理有效地配置。消除各种为了自己本地区的利益而实行的明显或潜在的地方保护政策和措施，如不平等税收、配额，阻碍区域外产品流入的行政命令，甚至还包括路障等。

最后，在推动市场增进的同时，也要寻求政府退出的互动路径，让地方保护主义不再抬头，进而更深层次地消除内部市场壁垒，带动与外部市场的联系，并最终取得我国内外部市场一体化的均衡发展。如今，我国区域经济一体化主要发生在经济发达地区之间，如"长三角"与"珠三角"，贸易保护主要发生在发达地区与欠发达地区。从短期利益看，贸易保护是落后地区同发达地区之间博弈的结果，是一种纳什均衡，是内生于经济发展过程的必然现象，特别就我国来讲，是落后地区地方官员取得显著政绩的必然选择。但是，贸易保护极大地阻碍了市场化进程和统一大市场的形成，不利于我国整体经济的长期发展和企业竞争力的提升，因此，消除落后地区的贸易保护，落后地区的政府必须要明确自身角色定位，避免"缺位"与"越位"，奉行支持、引导但不干预企业的理念，将主要精力投入公共服务之中，大力改善本地区的政府服务职能和投资环境，从而吸引外部资金、技术，并鼓励企业竞争，积极创造和发展自己具有竞争力的优势产业。

（2）健全完善劳动力市场体系，促进劳动力自由流动，并营造劳动力自由流动的良好环境，打破限制劳动力自由流动的制度障碍。劳动力跨区域流动是一种"泽富济贫"的双赢之举。中西部劳动力向沿海地区迁移，建设和扩大已有的沿海地区特大型都市圈，可能是保持经济可持续发展的空间必要条件（范剑勇，2008），可以继续保持集聚效应的存在，有利于经济发展。同时，劳动力迁移提升了中西部地区人均资源占有量，这有利于缩小地区间的收入差距。因此，从理论上讲，中西部地区劳动力向沿海地区迁移可能是一个兼顾公平与效率的区域协调发展政策选择。从这一意义上讲，保持区域协调发展，更应着眼于改革过程中一些深层次的内容，如户籍制度、农地制度、城乡的社会保障就业制度等，使得中西部劳动力流入沿海地区后在工资、社会保障等方面享有与本地居民相同的待遇。

在户籍制度改革上，通过一系列配套改革剥离户口的福利含义，消除迁移过程中的寻租动机，将其还原于资源的重新配置过程（蔡昉、都阳、王美艳，2003）。在制度上给予农民和城市居民平等的权利，从体制上给人口流动一个宽松的环境，为劳动力的自由流动和统一的劳动力市场的形成创造条件。可以分步骤、有计划地改革户籍制度，如从中小城市入手，逐步放松户籍制度。

在农地制度改革上，必须要坚持农村土地基本经营制度，发展农业生产服务组织、提高农业技术水平，促进城乡劳动力流动和收入差距的缩小。随着农村劳动力向城镇地区的大规模流动，农村内部的生产要素配置需要进行相应的调整，以稳定农业生产并保证农村劳动力的持续流出。为此，需要在土地、生产服务和农业技术应用等方面做出相应调整。

在社会保障制度改革方面，必须改变城市偏向制度，在制度上逐渐实现外来的农村劳动力与城市本地劳动力同等的社会保障待遇，使外来劳动力与城市本地劳动力在获得就业岗位和工资方面享有平等的权利；将住房、养老保险和医疗保险等资源的途径由原来的单位一包到底，改为通过社会化或者市场化的途径获得（蔡昉、都阳、王美艳，2003）。

（3）统筹地区经济协调发展，推行产业集聚发展战略。鼓励产业在东、中、西部三类地区的重新布局，即沿海地区的产业升级、转移与中西部地区的产业承接和创新，从而实现区域生产力的合理布局。出口导向发展战略与地区协调发展似乎是两难选择。从出口发展战略角度看，所有制造业均分布于沿海地区可能是最佳选择，或者说按照产品的运输成本从高到低排列，分别依次分布于沿海—中部—西部地区。也就是说，将国外高收入市场看作一个城市，按照屠能模型的含义将制造业各行业排列。这是从出口导向的发展战略的产业区位选择，也是目前中国产业分布的现实状况。它带来的后果就是地区间经济发展的不协调。因此，近阶段出口导向发展战略与以中部崛起、西部大开发为代表的地区协调发展战略似乎存在着取舍的矛盾（范剑勇，2008）。

与此同时，随着国内市场一体化水平的进一步提高和东部地区由于土地价格、劳动力成本等上升形成的促进产业扩散的离心力作用，中国制造业地理空间分布正悄悄发生变化，东部地区部分制造业开始向东北地区和中西部地区梯度转移，但非农产业在中国沿海和内陆地区的空间二元分布结构的现状仍未改变。

因此，基于以上现实，我们认为，制造业还将在东部沿海地区持续集聚一段时间，国外市场需求仍是东部沿海地区产业集聚的重要理由和依据，随着与国外市场一体化的程度的加强，将继续有利于东部地区制造业规模经济的发挥，从而使得产业的规模报酬以递增地方化得以体现。但随着国内统一大市场的形成，制造业的流动性也更易在空间上重新调整，如果东、中、西部地区间的要素成本差异较大，作为集聚中心的东部地区要素价格过高或拥挤成本过高的话，制造业最终将向其周边地区转移。从当前情况来看，中西部地区承接东部地区某一部分产业转移已经具备一定的基础，甚至还拥有一定的优势。但是，对落后地区的发展我们需要有清醒的认识，我国地区差距的存在将是一个长期的过程，甚至不排除在未来一段时间内，地区间差距还将继续扩大，这是因为落后地区产业集聚的大规模形成不可能一蹴而就，而是长期演变的过程。我们要以动态的眼光来审视区域经济协调发展，我们既要"分蛋糕"，更要"做蛋糕"，通过交易效率的改进、适宜技术的支持逐渐加快落后地区的分工演进进程，通过经济利益的诱导促使其加入全国区域经济一体化进程的步伐。

（4）优化投资环境，提高市场化水平，增加教育和培训投入，提高人力资本水平。地区差距扩大是市场化改革、对外开放和产业集聚在目前阶段的暂时性的必然结果。这就决定了我们必须忍受一段时期的地区不公平所带来的阵痛。中央政府应该发挥在市场失灵中的作用。如加强地区间的转移支付力度；集中支持中西部地区内部交通设施建设和基本人力资本投资，如保障义务教育和基本医疗卫生保健供给等；将沿海地区由于集聚产生的"集聚租"通过地区间的横向转移支付补偿给中西部地区。

中、西部地区的地方政府应致力于改变本地区目前劳动力素质低下的状况，通过强化基础教育与技能培训，加快发展教育事业，注重人力资本的培育，鼓励民营学校或培训中心的建立，以及职业技能培训的开展；引导企业提高员工技能，并不断进行技术创新，大幅度提高区域劳动力素质，为制造业的区域集聚奠定基础。

（5）加快中西部地区市场化改革的步伐，积极引进适宜本地发展的产业，充分发挥劳动力流动的潜能。本研究表明，由于东部沿海地区劳动力流动与集聚之间已经形成积累循环的因果效应，从而使得东西部地区人均收入差距持续扩大，随着地区间运输成本的不断下降，这种趋势仍将延续，缩小地区收入差距还要经历一个相当长期的过程。在这个过程中，迫切需要推动中西部地区的市场化改革进程，促进非国有经济的发展。加强与东部地区的合作，改善投资环境，加快适宜产业向中西部地区的转移。同时促进劳动力市场的发育，积极引导劳动力的合理流动，提高劳动生产效率。

无论是西部大开发还是中部崛起战略的实施，都必须依靠制造业的集聚式发展，东部沿海地区率先发展的经验表明，东部沿海地区经济增长高绩效主要源于制造业的高度集聚，以及由此带来地方化的产业规模报酬递增效应，中西部地区要改变农业外围的产业格局，必须依靠发展自身的优势产业，走产业集聚的发展道路，形成新的制造业带和工业走廊，例如，目前在中西部初步形成了几条较大的制造业带的雏形，如长江中游地区、哈长地区、陇海沿线地区、成渝地区等。这些地区资源环境承载能力和发展潜力较大，制造业发展势头较好，今后采取相应措施，积极引导各种要素和产业向这些地区集中。

参 考 文 献

[1] 安虎森. 空间经济学原理 [M]. 北京: 经济科学出版社, 2005.

[2] 蔡昉, 都阳, 王美艳. 劳动力流动的政治经济学 [M]. 上海: 上海三联书店, 上海人民出版社, 2003.

[3] 陈良文, 杨开忠. 集聚与分散: 新经济地理学模型与城市内部空间结构、外部规模经济效应的整合研究 [J]. 经济学季刊, 2007, 7 (1): 53 - 70.

[4] 陈钊, 陆铭. 从分割到融合: 城乡经济增长与社会和谐的政治经济学 [J]. 经济研究, 2008 (1): 21 - 32.

[5] 崔启源. 测算中国省际地区差距的问题 [C] //刘树成、李强、薛天栋主编. 中国地区经济发展研究. 北京: 中国统计出版社, 1994.

[6] 段平忠, 刘传江. 人口流动对经济增长地区差距的影响 [J]. 中国软科学, 2005 (12): 99 - 110.

[7] 樊纲, 王小鲁, 张泓骏. 劳动力转移对地区收入差距影响的实证分析 [C] //中国经济改革研究基金会. 中国改革与发展报告 2005: 收入分配与公共政策. 世纪出版集团, 2005: 47.

[8] 范剑勇, 高人元, 张雁. 空间效率与区域协调发展战略选择 [J]. 世界经济, 2010 (2): 104 - 119.

[9] 范剑勇, 朱国林. 中国地区差距的演变及其结构分解 [J].

管理世界，2002（7）：37－44.

［10］范剑勇. 产业集聚与地区差距：来自中国的数据［M］//张曙光，邓正来. 中国社会科学评论［M］. 北京：法律出版社，2004a.

［11］范剑勇. 市场一体化、地区专业化与产业集聚趋势——兼谈对地区差距的影响［J］. 中国社会科学，2004b（6）：39－51.

［12］范剑勇. 产业集聚与地区间劳动生产率差异［J］. 经济研究，2006（11）：72－81.

［13］范剑勇. 产业集聚与中国地区差距研究［M］. 上海：格致出版社，上海三联书店，上海人民出版社，2008.

［14］范剑勇. 经济地理与地区间工资差距［J］. 经济研究，2009（8）：73－84.

［15］范剑勇，张雁. 经济地理与地区间工资差异［J］. 经济研究，2009（8）：73－84.

［16］傅晓霞，吴利学. 中国地区差异的动态演化及其决定机制：基于随机前沿模型和反事实收入分布方法的分析［J］. 世界经济，2009（5）：41－55.

［17］黄玖立，李坤望. 对外贸易、地方保护和中国的产业布局［J］. 经济学季刊，2006，5（3）：733－760.

［18］霍利斯·钱纳里，谢尔曼·鲁宾逊. 工业化和经济增长的比较研究［M］. 上海：上海人民出版社，1995.

［19］金煜，陈钊，陆铭. 中国的地区工业集聚：经济地理、新经济地理与经济政策［J］. 经济研究，2006（4）：79－89.

［20］克鲁格曼. 地理与贸易［M］. 北京：人民大学出版社，1991.

［21］李实，史泰丽，别雍，古斯塔夫森. 中国居民收入分配研究Ⅲ［M］. 北京师范大学出版社，2008.

［22］梁琦，李晓萍，吕大国. 市场一体化、企业异质性与地

区补贴 [J]. 中国工业经济, 2012 (2): 16-25.

[23] 林伯强, 邹楚沅. 发展阶段变迁与中国环境政策选择 [J]. 中国社会科学, 2014 (5): 81-95.

[24] 刘晓峰, 陈钊, 陆铭. 社会融合与经济增长: 城市化和城市发展的内生政策变迁 [J]. 世界经济, 2010 (6): 60-80.

[25] 刘修岩. 市场潜能、经济集聚与地区差距: 来自中国地级数据的证据 [M]. 南京: 南京大学出版社, 2009.

[26] 刘雅南, 邵宜航. 中国户籍制度下的城市化与结构转变 [J]. 经济学动态, 2013 (1): 32-39.

[27] 刘友金, 吕政. 梯度陷阱、升级阻滞与承接产业转移模式创新 [J]. 经济学动态, 2012 (11): 21-27.

[28] 陆铭, 陈钊. 分割市场的经济增长——为什么经济开放可能加剧地方保护? [J]. 经济研究, 2009 (3): 42-52.

[29] 陆铭, 向宽虎, 陈钊. 中国的城市化和城市体系调整: 基于文献的评论 [J]. 世界经济, 2011 (6): 3-25.

[30] 路江涌, 陶志刚. 中国制造业区域集聚及国际比较 [J]. 经济研究, 2006 (3): 103-114.

[31] 罗勇, 曹丽莉. 中国制造业集聚程度变动趋势实证研究 [J]. 经济研究, 2005 (8): 106-115.

[32] 马歇尔著. 朱志泰译. 经济学原理. 1920ed (英文版) [M]. 北京: 商务印书馆, 1997.

[33] 彭连清. 我国区域经济增长溢出效应研究: 一个理解区域经济差距的新视角 [M]. 北京: 经济科学出版社, 2009.

[34] 史恩义, 王娜. 金融发展、产业转移与中西部产业升级 [J]. 南开经济研究, 2018 (6): 3-19.

[35] 孙晓华, 郭旭, 王昀. 产业转移、要素集聚与地区经济发展 [J]. 管理世界, 2018, 34 (5): 47-62.

[36] 孙元元, 张建清. 市场一体化与生产率差距: 产业集聚与企业异质性互动视角 [J]. 世界经济, 2017 (4): 79 – 104.

[37] 万广华. 经济发展与收入不均等: 方法和证据 [M]. 上海: 上海三联书店, 上海人民出版社, 2006.

[38] 魏后凯. 中国地区经济增长及其收敛性 [J]. 中国工业经济, 1997 (3): 31 – 37.

[39] 谢燮, 杨开忠. 劳动力流动与区域经济差距: 新经济地理学透视 [M]. 北京: 新华出版社, 2005.

[40] 谢燮, 杨开忠. 新经济地理学诞生的理论基石 [J]. 当代经济科学, 2004, 26 (4): 53 – 57.

[41] 许召元, 李善同. 区域间劳动力迁移对地区差距的影响 [M]. 经济学 (季刊), 2008, 8 (1): 53 – 76.

[42] 杨云彦, 敖荣军, 朱金生, 魏博通. 全球化、劳动力流动与经济空间的重构 [M]. 北京: 中国财政经济出版社, 2008.

[43] 杨云彦, 徐映梅, 向书坚. 就业替代与劳动力流动: 一个新的分析框架 [J]. 经济研究, 2003 (8): 70 – 75.

[44] 姚枝仲, 周素芳. 劳动力流动与地区差距 [J]. 世界经济, 2003 (4): 35 – 44.

[45] 袁航, 朱承亮. 西部大开发推动产业结构转型升级了吗? ——基于 PSM – DID 方法的检验 [J]. 中国软科学, 2018 (6): 67 – 81.

[46] 张广胜, 田洲宇. 改革开放四十年中国农村劳动力流动: 变迁, 贡献与展望 [J]. 农业经济问题, 2018 (7): 23 – 35.

[47] 张可云. 区域科学的兴衰、新经济地理学争论与区域经济学的未来方向 [J]. 经济学动态, 2013 (3): 9 – 22.

[48] 张文武, 梁琦. 劳动地理集中、产业空间与地区收入差距 [J]. 经济学 (季刊), 2011, 10 (02): 691 – 708.

［49］赵伟，藤田昌久，郑小平．空间经济学：理论与实证新进展［M］．浙江：浙江大学出版社，2009．

［50］赵伟，李芬．区际开放与劳动力区际流动——浙江与广东的比较研究［J］．技术经济，2006（12）：10－13．

［51］赵伟，李芬．异质性劳动力流动与区域收入差距：新经济地理学模型的扩展分析［J］．中国人口科学，2007（1）：27－35＋95．

［52］赵永亮，才国伟．市场潜力的边界效应与内外部市场一体化［J］．经济研究，2009（7）：119－130．

［53］钟笑寒．劳动力流动与工资差异［J］．中国社会科学，2006（1）：34－46．

［54］钟粤俊，陆铭，奚锡灿．集聚与服务业发展——基于人口空间分布的视角［J］．管理世界，2020，36（11）．

［55］Acemoglu D. , Angrist J. "How Large Are Human - capital Externalities? Evidence from Compulsory Schooling Laws" [J]. NBER Macroeconomics Annual, 2000, 15: 9 - 59.

［56］Acemoglu D. "Introduction toModern Economic Growth" [M]. Princeton University Press, 2008.

［57］Adams Jr, R. H. "Non - farm Income and Inequality in Rural Pakistan: A Decomposition Analysis" [J]. The Journal of Development Studies, 1994, 31 (1): 110 - 133.

［58］Anas A. "Vanishing Cities: What does the New Economic Geography Imply about the Efficiency of Urbanization?" [J]. Journal of Economic Geography, 2004, 4 (2): 181 - 199.

［59］Antweiler W. , Trefler D. "Increasing Returns and All That: A View from Trade" [J]. American Economic Review, 2002, 92 (1): 93 - 119.

［60］Arimoto Y. , Nakajima K. , Okazaki T. "Sources of Productivity

Improvement in Industrial Clusters: The Case of The Prewar Japanese Silk - reeling Industry" [J]. Regional Science and Urban Economics, 2014, 46: 27 - 41.

[61] Arrow K. J. "The Economic Implications of Learning by Doing" [J]. The Review of Economic Studies, 1962, 29 (3): 155 - 173.

[62] Arthur Brian W. "Increasing Retuuns and Path Dependence in the Economy" [M]. The University of Michigan Press, 1994: 99 - 110.

[63] Au C. , Henderson J. "Are Chinese Cities Too Small?" [J]. Review of Economic Studies, 2006a, 73 (3): 549 - 575.

[64] Au C, Henderson J. "How Migration Restrictions Limit Agglomeration and Productivity inChina" [J]. Journal of Development Economics, 2006b, 80 (2): 350 - 388.

[65] Audretsch D. B. , Feldman M. P. "R&D Spillovers and The Geography of Innovation and Production" [J]. The American Economic Review, 1996, 86 (3): 630 - 640.

[66] Aziz, J. , Duenwald C. K. "China's Provincial Growth Dynamics" [R]. IMF Working Paper, WP/01/3, 2001.

[67] Baldwin, R. E. Forslid R. , Martin P. G, Ottaviano G. I. , Robert Nicoud F. "Economic Geography and Public Policy" [M]. Princeton University Press, 2003.

[68] Baldwin R. E. , Martin P. , Ottaviano G. "Global Income Divergence, Trade and Industrialization: the Geography of Growth Takeoff" [J]. Journal of Economic Growth, 2001, 6 (1): 5 - 37.

[69] Baldwin R. E. , Okubo T. "Heterogeneous Firms, Agglomeration and Economic Geography: Spatial Selection andSorting" [J]. Journal of Economic Geography, 2006, 6 (3): 323 - 346.

[70] Barro, R. J. and X. Sala-I-Martin. "Convergence" [J]. Jour-

nal of Political Economy, 1992, 100: 223 – 251.

［71］Barro, R. J. and X. Sala-I-Martin. "Economic Growth" ［M］. Sydney: McGraw – Hill, 1995.

［72］Black D. and Henderson J. "A Theory of Urban Growth" ［J］. Journal of Political Economy, 1999, 107（2）: 252 – 284.

［73］Brackman S. , Garretsen H. , Schramm M. "New Economic Geography in Germany: Testing the Helpman – Hanson Model" ［J］. Journal of Regional Science, 2004, 44（3）: 437 – 466.

［74］Brakman S. , Garretsen H. , Gigengack R. , Van Marrewijk C. , Wagenvoort R. "Negative Feedbacks in the Economy and Industrial Location" ［J］. Journal of Regional Science, 1996, 136（4）: 631 – 651.

［75］Brakman S. , Garretsen H. "Rethinking the ' New ' Geographical Economics" ［J］. Regional Studies, 2003, 37: 637 – 648.

［76］Brakman S. , H. Garretsen, C. Marrewijk. "An Introduction to Geographical Economics: Trade, location and growth " ［M］. Cambridge: Cambridge University Press, 2001.

［77］Braun, J. "Essays on Economic Growth and Migration ". Ph. D. Dissertation, Harvard University, 1993.

［78］Brulhart M. , Koeing P. "New Economic Geography Meets Comeco: Regional Wage and Industry Location in Central Europe" ［J］. Economics of Transition, 2006, 14（2）: 245 – 267.

［79］Cai Fang, Dewen Wang and Yang Du. "Regional Disparity and Economic Growth in China: the Impact of Labor Market Distortions" ［J］. China Economic Review, 2002, 13: 197 – 212.

［80］Chamberlin E. H. "The Theory of Monopolistic Competition" ［M］. Harvard University Press, Cambridge, MA, 1933.

［81］Choi K. , Harrigan J. (editors) "Handbook of International

Trade" [M]. New York: Basil – Blackwell, 2002.

[82] Ciccone A. , Hall R. E. "Productivity and The Density of Eco-nomicActivity" [J]. American Economic Review, 1993, 86: 54 – 70.

[83] Combes P. P. , Duranton G. , Gobillon L. , Puga, D. , Roux, S. "The Productivity Advantages of Large Cities: Distinguishing Agglomeration from Firm Selection" [J]. Econometrica, 2012, 80 (6): 2543 – 2594.

[84] Coniglio N. D. , DeArcangelis G. , Serlenga L. "Intentions to Return of Clandestine Migrants: The Perverse Effect of Illegality on Skills" [J]. Review of Development Economics, 2009, 13 (4): 641 – 657.

[85] Crozet M. "Do Migrants Follow Market Potentials? An Estima-tion of A New Economic Geography Model" [J]. Journal of Economic Ge-ography, 2004, 4: 439 – 458.

[86] Dixit A. K. , Stiglitz J. E. "Monopolistic Competition and Optimum Product Diversity" [J]. American Economic Review, 1977, 67: 297 – 308.

[87] Démurger S. "Infrastructure Development and Economic Growth: An Explanation for Regional Disparities in China" [J]. Journal of Comparative Economics, 2001, 29 (1): 95 – 117.

[88] Ellison G. , Glaeser E. "Geographic Concentration of Indus-try" [J]. American Economic Review, 1999, 89 (2): 311 – 316.

[89] Ellison G, Glaeser E L. "Geographic Concentration in US Manufacturing Industries: A Dartboard Approach" [J]. Journal of Politi-cal Economy, 1997, 105 (5): 889 – 927.

[90] Englmann F. C. , Walz U. "Industrial Centers and Regional Growth in the Presence of Local Inputs" [J]. Journal of Regional Sci-ence, 1995, 35 (1): 3 – 27.

［91］ Ethier, Wilfred J. "National and International Returns to Scale in The Modern Theory of International Trade" ［J］. The American Economic Review, 1982, 72 (3)：389 – 405.

［92］ Forslid R., Okubo T. "Spatial Sorting with Heterogeneous Firms and Heterogeneous Sectors" ［J］. Regional Science and Urban Economics, 2014, 46：42 – 56.

［93］ Francois Perroux. "The Pole of Development's New Place in a General Theory of Economic Activity" ［M］. In B. Higgins and D. J. Savoie, eds. Regional Economic Development：Essays in Honor of Francois Perroux. Boston：Unwin Hyman, 1988, 49：48 – 76.

［94］ Fujita, M., Mori, T. "Frontiers of The New Economic Geography" ［J］. Papers in Regional Science, 2005, 84 (3)：377 – 405.

［95］ Fujita M., Krugman P. R., Venables A. J. "The Spatial Economy：Cities, Regions and International Trade" ［M］. Cambridge, Mass：MIT Press, 1999.

［96］ Fujita M, Thisse J F. "Economics of Agglomeration：Cities, Industrial Locations, and Regional Growth" ［M］. Cambridge University Press, 2002.

［97］ Fujta M., Krugman P. "The New Economic Geography：Past, Present and the Future" ［J］. Papers in Regional Science, 2004, 83：139 – 164.

［98］ Gerlach H., Rønde T., Stahl K. "Labor Pooling in R&D Intensive Industries" ［J］. Journal of Urban Economics, 2009, 65 (1)：99 – 111.

［99］ Gerlach H., Ronde T., Stahl K. "Lobour Pooling in R&D Intensive Industries" ［J］. Journal of Economics, 2009, 65 (1)：99 – 111.

[100] Ge Ying. "Regional Inequality, Industry Agglomeration and Foreign Trade, the case of China" [R] United Nations University Research Paper, No. 2006/105.

[101] Glaeser E. L. , Kahn M. E. "Sprawl and Urban Growth" [J]. Handbook of Regional and Urban economics. Elsevier, 2004, 4: 2481 -2527.

[102] Glaeser E. L. , Mare D. C. "Cities and Skills" [J]. Journal of Labor Economics, 2001, 19 (2): 316 -342.

[103] Glaeser E L. "Learning in Cities" [J]. Journal of Urban Economics, 1999, 46 (2): 254 -277.

[104] Harrigan James. "Scale Economies and the Volume of Trade" [J]. Review of Economics and Statistics, 1994, 76 (2): 321 -328.

[105] Harris J. , Todaro M. "Migration, Unemployment, and Development: A Two - Sector Analysis" [J]. American Economic Review, 1970, 60 (1): 126 -142.

[106] Helpman E. , Krugman P. R. "Market Structure and Foreign Trade: Increasing Return, ImPerfect Competition and the International Economy" [M]. London: MIT Press, 1985.

[107] Helpman E. , Krugman P. "Trade Policy and Market Structure" [M]. Cambridge, MA, London: MIT Press, 1989.

[108] Helpman E. "Increasing Returns, Imperfect Markets, and Trade Theory" [J]. Handbook of International economics, 1984, 1: 325 -345.

[109] Helpman E. "Increasing Returns, Imperfect Markets, and Trade Theory" [J]. Handbook of international economics, 1984, 1: 325 -365.

[110] Helpman E. "The Size of Regions" In Pines D. , Sadka E. , Zileha I. , eds. , Topic in Public Economics, Cambridge: Cambridge

University Press, 1998.

[111] Henderson J. V. , Quigley J. , Lim E. "Urbanization in China: Policy Issues and Options" [J]. Unpublished Manuscript, Brown University, 2009.

[112] Hicks, J. R. "The Theory of Wages" [M]. London: Macmillan, 1932.

[113] Hirschman A. "The Strategy of Economic Development" [M]. NewYork: McGraw Hill, 1958.

[114] Hoover, E. "The Location of EconomicActivity" [M]. New York: McGraw – Hill Book Company, 1948.

[115] Hoover E. "Location Theory and the Shoe and Leather Industries" [M]. Cambridge, MA: Harvard University Press, 1936.

[116] Hotelling H. "Stability in Competition" [J]. Economic Journal, March, 1929: 41 – 57.

[117] Hu D. "Trade, Rural – urban Migration, and Regional Income Disparity in Developing Countries: A Spatial General Equilibrium Model Inspired by the Case of China" [J]. Regional Science and Urban Economics, 2002, 32: 311 – 338.

[118] Isard W. "Location and Space Economy" [M]. Cambridge: MIT Press, 1956.

[119] Jacobs J. "Strategies for HelpingCities" [J]. The American Economic Review, 1969, 59 (4): 652 – 656.

[120] Jian Tianlun, Sachs J. D. , Warner A. M. "Trends in Regional Inequality in China" [R]. NBER Working Paper, No. 5412, 1996.

[121] John Walley, Shunming Zhang. "Inequality Change in China and (Hukou) Labour Mobility Restrictions" [J]. Journal of Development Economics, Volume83, No. 2, 2007.

[122] Justin Lin Y. , Gewei Wang and Yaohui Zhao. "Regional Inequality and Labor Transfers in China" [J]. Economic Development and Cultural Change, 2004 (3): 587 – 603.

[123] Kakwani N. "On Measuring Growth and Inequality Components of Poverty with Application to Thailand" [J]. Journal of Quantitative Economics, 2000, 16 (1): 67 – 80.

[124] Kanbur R. , Zhang X. "Fifty Years of Regional Inequality in China: A Journey through Central Planning, Reform, and Openness" [J]. Review of Development Economics, 2005, 9 (1): 87 – 106.

[125] Kim S. "Economic Integration and Convergence: U. S. Regions, 1840 – 1987" [J]. Journal of Economic History, 1998, 58 (3): 659 – 683.

[126] Koopmans T. C. "Three Essays on the State of Economic Science" [J]. British Journal for the Phibsophy of Sciense, 1959, 10 (37).

[127] Krugman, P. R. "Increasing Returns and Economic Geography" [J]. Journal of Political Economy, 1991a, 99 (3): 483 – 499.

[128] Krugman P. R. , Venable J. "Integration, Specialization, and Adjustment" [J]. European Economic Review, 1996, 40: 959 – 967.

[129] Krugman P. R. , Venables J. "Globalization and the Inequality of Nation" [J]. Quarterly Journal of Economics, 1995, 110 (4): 857 – 880.

[130] Krugman P. R. "A Model of Innovation, Technology Transfer, and the World Distribution of income" [J]. Journal of Political Economy, 1979, 87 (2): 253 – 266.

[131] Krugman P. R. "History and Industry Location: the Case of the US Manufacturing Belt" [J]. American Economic Review, 1991b, 81: 80 – 83.

[132] Krugman P. R. "Intra-industry Specialization and the Gains from Trade" [J]. Journal of Political Economics, 1981, 89: 959 – 973.

[133] Krugman P. R. "Scale Economics, Product Differentiation, and the Pattern of Trade" [J]. American Economic Review, 1980, 70 (5): 950 – 959.

[134] Kuznets S. "Economic Growth and Income Inequality" [J]. American Economic Review, 1955, 45: 1 – 28.

[135] Lancaster K. "Intra-industry Trade under Perfect Monopolistic Competition" [J]. Journal of International Economics, 1980, 10: 151 – 171.

[136] Leida, Liu Yuanchun. "New Trade Theory and Liberalism" [J]. Journal of World Economy, 2005, 5: 60 – 73.

[137] Lewis, W. "Economic Development with Unlimited Supplies ofLabor" [J]. The Manchester School, 1954, 22: 139 – 191.

[138] Lin J Y., Wang G., Zhao Y. "Regional Inequality and Labor Transfers in China" [J]. Economic Development and Cultural Change,, 2004 (3): 587 – 603.

[139] Lucas Jr R. E. "On the Mechanics of Economic Development" [J]. Journal of Monetary Economics, 1988, 22 (1): 3 – 42.

[140] Lucas R. E. "Life Earnings and Rural – urban Migration" [J]. Journal of Political Economy, 2004, 112 (1): 29 – 59.

[141] Marshall A. "Principles of Economics" [M]. London: Macmillan. 1890ed. 9[th]edition, 1961, 255: 271 – 272.

[142] Martin P., Ottaviano G. "Growing Locations: Industry Location in a Model of Endogenous Growth" [J]. European Economic Review, 1999, 43 (2): 281 – 302.

[143] Martin P., Ottaviano G. "Growth and Agglomeration" [J]. International Economic Review, 2001, 42 (4): 947 – 968.

[144] Melitz M. J. , Ottaviano G. I. P. "Market Size, Trade, and Productivity" [J]. The Review of Economic Studies, 2008, 75 (1): 295 – 316.

[145] Mills E. "An Aggregative Model of Resource Allocation in a Hetropolitan Area" [J]. American Economic Review, 1967, 57 (2): 197 – 210.

[146] Myral G. "Economic Theory and Under-development Regional" [M]. London: Duckworth, 1957.

[147] Okubo T. , Forslid R. "Spatial Relocation with Heterogeneous Firms and Heterogeneous Sectors" [J]. RIETI Discussion Papers, 2010, 10056.

[148] Okubo T. , Picard P. M. , Thisse J. F. "The Spatial Selection of Heterogeneous Firms" [J]. Journal of International Economics, 2010, 82 (2): 230 – 237.

[149] Okubo T. , Tomiura E. "Industrial Relocation Policy and Heterogeneous Plants Sorted by Productivity: Evidence from Japan" [J]. RIETI Discussion Papers, 2010, 10016.

[150] Ottaviano G. , Puga D. "Agglomeration in the Global Economy: A Survey of the New Economic Geography" [R]. Center for Economic Performance Discussion Paper No. 356, 1997.

[151] Ottaviano G. , Tabuchi T. , Thisse J. F. "Agglomeration and Trade Revisited" [J]. International Economic Review, 2002, 43: 409 – 452.

[152] Ottaviano G. I. P. , Pinelli D. "Market Potential and Productivity: Evidence from Finnish Regions" [J]. Regional Science and Urban Economics, 2006, 36: 636 – 657.

[153] Ottaviano G. I. P. "Agglomeration, Trade and Selection" [J]. Regional Science and Urban Economics, 2012, 42 (6): 987 – 997.

［154］ Ottaviano G. I. P. "Monopolistic Competition, Trade, and Endogenous Spatial Fluctuations" ［J］. Regional Science and Urban Economics, 2001, 31 (1): 51 – 77.

［155］ Porter M. E. "On Competition" ［M］. Boston: Harvard Bussiness School Press, 1998.

［156］ Puga D. "The Rise and Fall of Regional in Equalities" ［J］. European Economic Review, 1999, 43: 303 – 334.

［157］ Puga D. "Urbanization Patterns: European Versus Less Developed Countries" ［J］. Journal of Regional Science, 1998, 38 (2): 231 – 252.

［158］ Quah D. "Spatial Agglomeration Dynamics" ［J］. American Economic Review, 2002, 92 (2): 247 – 252.

［159］ Ramsey F. P. "A Mathematical Theory ofSaving" ［J］. The Economic Journal, 1928: 543 – 559.

［160］ Rauch J. E. "Productivity Gains from Geographic Concentration of Human Capital: Evidence from TheCities" ［J］. Journal of Urban Economics, 1993, 34 (3): 380 – 400.

［161］ Ravallion M. , Chen S. "China's (uneven) Progress Against Poverty" ［J］. Journal of Development Economics, 2007, 82 (1): 1 – 42.

［162］ Romer J. "Increasing Returns and Long-run Growth" ［J］. Journal of Political Economic, 1986, 62: 53 – 82.

［163］ Rosenstein – Rodan P. N. "Problems of Industrialization of Eastern and South – eastern Europe" ［M］. Center for International Studies, MIT, 1963.

［164］ Rosenstein – Rodan P. N. "Problems of Industrialization of Eastern and South – Eastern Europe" ［M］. Center for International Studies MIT, 1963.

[165] Saito H. "Three Essays on Firm Heterogeneity and Regional Development" [D]. Corvallis: Oregon State University, 2008.

[166] Salop S. C. "Monopolistic Competition with Outside Goods" [J]. Bell Journal of Economics, 1979, 10: 141 –156.

[167] Schmalensee R. "Using the H – index of Concentration with Published Data" [J]. The Review of Economics and Statistics, 1977, 59 (2): 186 –193.

[168] Scitovsky T. "Two Concepts of External Economics" [J]. Journal of Political Economy, 1954 (62): 52 –67.

[169] Scitovsky T. Two Concepts of External Economies [J]. Journal of Political Economy, 1954, 62 (2): 143 –151.

[170] Shioji E. "Composition Effect of Migration and Regional Growth in Japan" [J]. Journal of the Japanese and International Economies, 2001, 15: 29 –49.

[171] Starret D. "Market Allocations of Location Choice in a Model with Free Mobility" [J]. Journal of Economic Theory, 1978, 17: 21 –37.

[172] Syverson C. "Market Structure and Productivity: A Concrete Example" [J]. Journal of Political Economy, 2004, 112 (6): 1181 – 1222.

[173] Tabuchi T. , Thisse J. F. "Labor Mobility and Economic Geography" [J]. CIRJE Working Paper, 2001.

[174] Tabuchi T. "Urban Agglomeration and Dispersion: A Synthesis of Alonso and Krugerman" . Journal of Urban Economics, 1998, 44: 333 –351.

[175] Taylor M. , Williamson G. "Convergence in The Age of Mass Migration" [J]. European Review of Economic History, 1997, 1 (1): 27 –63.

［176］ Thunen Von. "The Isolated State" ［M］. Pergammon Press, 1966.

［177］ Tsui, Kai Yuen. "China Regional Inequality: 1952 – 1985" ［J］. Journal of Comparative Economics, 1991, 15: 1 – 21.

［178］ Venables A. "Equilibrium locations of Vertically Linked Industries" ［J］. International Economic Review, 1996, 37 (2): 341 – 359.

［179］ Williamson J. "Regional Inequality and the Process of National Development" ［J］. Economic Development and Cultural Change, 1965, 13 (4): 3 – 47.